中学校
新学習指導要領

英語の授業づくり

本多　敏幸
Honda　Toshiyuki

明治図書

まえがき

　平成29年3月，小学校及び中学校の学習指導要領が公示されました。また，高等学校学習指導要領も平成30年3月に公示されました。今回の指導要領は今までになく大きな改革と言われています。私たち英語教師に大きく関係するところで言えば，小学校の外国語が教科化され，5・6年生に教科としての「外国語（英語）」が年間70時間入ります。また，3・4年生では年間35時間の外国語活動が行われます。

　中学校では，4年間で合計210時間も英語に触れて入学してくる生徒を指導することになります。これに伴い，中学校学習指導要領の内容も大きく変わりました。中学校で扱う語彙がこれまでの「1,200語程度の語」から「小学校で学習した語に1600〜1800語程度の新語を加えた語」となりました。小学校で600〜700語程度の語を学習するので，中学校では2,200〜2,500語を扱うことになります。約2倍の数です。また，仮定法や現在完了進行形など，これまで高等学校の範囲であった文法事項を中学校で教えることになりました。

　他にも大きな変化があります。4技能が5領域となり，話すことが話すこと［やり取り］と話すこと［発表］の2つに分けられました。また，「コミュニケーションへの関心・意欲・態度」，「外国語表現の能力」，「外国語理解の能力」，「言語や文化についての知識・理解」の4観点から，「知識・技能」，「思考力・判断力・表現力等」，「主体的に学習に取り組む態度」の3観点になりました。英語で授業を行うことも明記されました。

　乱暴な言い方をすれば，中学校の英語科教師は，これまで中学校の学習内容だけを考えて教えれば何とかなりました。小学校で外国語活動が入ったとは言えども，教科書の内容は以前と変わらず，入学した生徒にはアルファベットの書き方指導から始めるので，大きな変化はありませんでした。しかし，これからは小学校を受けて教えることになります。小学校の学習内容を把握し，それにつなげて指導しなければなりません。また，高等学校との連接も

考える必要があります。

平成29年7月,文部科学省から「小学校外国語活動・外国語研修ガイドブック」が発表され,9月には5・6年生用の移行措置教材『We Can!』,12月には3・4年生用の『Let's Try!』が公表されました。5・6年生の授業ではSmall Talkを行うようになっており,6年生が使用する『We Can! 2』Unit 7では,次のやり取り(指導資料p.73)が例示されています。

児童1:I enjoyed eating *osechi* during winter vacation.
児童2:You enjoyed eating *osechi*? That sounds interesting.
児童1:How about you?
児童2:I enjoyed having a Christmas party. It was exciting.

即興で行うやり取りとしては,今の中学2年生でも難しいのではないでしょうか。中学校では,今後これよりも高度なパフォーマンスが求められるのです。これまでの教え方にかなりの工夫を加えないと,教師の指導力によって生徒の英語力に大きな差が生まれてしまいそうです。

今回の学習指導要領改訂の目標や課題を達成するには,これまで以上に私たち教師の力に負うところが大きいと感じます。私たち自身が,授業構成,言語活動,指導方法などを開発しなければなりません。しかし,1人ではよい考えが浮かばないかもしれません。書籍を利用したり,教師同士で実践を共有したりする必要があるでしょう。

本書は,第1章と第2章で新学習指導要領の主なポイントを,第3章では新学習指導要領の目標や内容を実現する授業を行うための具体的な言語活動や指導方法を載せました。本書が皆様の今後の指導に少しでもお役に立てば幸いです。

末筆になりましたが,本書の刊行にあたっては,編集者の木山麻衣子氏に大変お世話になりました。心より感謝申し上げます。

2018年6月

本多　敏幸

目次

まえがき

第1章
キーワードで見る
新学習指導要領改訂のポイント

- ❶新学習指導要領の特徴……………………………………………008
- ❷中学校外国語科の目標……………………………………………010
- ❸資質・能力「知識及び技能」……………………………………012
- ❹資質・能力「思考力，判断力，表現力等」……………………014
- ❺資質・能力「学びに向かう力，人間性等」……………………016
- ❻外国語によるコミュニケーションにおける見方・考え方……018
- ❼小学校における外国語の教科化…………………………………020
- ❽小学校で使用される教材…………………………………………022
- ❾小学校で行われる言語活動………………………………………024
- ❿他教科と連携した指導計画の作成………………………………026
- ⓫高等学校における指導内容………………………………………028
- ⓬学習評価の3観点…………………………………………………030

第2章
資質・能力を育む
外国語科の指導のポイント

- ❶「主体的・対話的で深い学び」の視点からの授業改善……………034
- ❷「聞くこと」の言語活動………………………………………………036
- ❸「読むこと」の言語活動………………………………………………038
- ❹「話すこと［やり取り］」の言語活動…………………………………040
- ❺「話すこと［発表］」の言語活動………………………………………042
- ❻「書くこと」の言語活動………………………………………………044
- ❼気付きを大切にした文法事項の指導…………………………………046
- ❽授業を英語で行う工夫…………………………………………………048
- ❾語彙の指導………………………………………………………………050
- ❿ペア・ワークやグループ・ワークによる学習形態の工夫……………052
- ⓫視聴覚教材や教育機器の活用…………………………………………054
- ⓬新しいタイプの高校入試問題に対応する指導………………………056
- ⓭領域統合型の言語活動の指導…………………………………………058

第3章
新学習指導要領を踏まえた授業づくりと評価のポイント

- ❶新学習指導要領に適した授業デザイン……………………………………062
- ❷単元の授業設計とパートの授業設計………………………………………068
- ❸授業デザインの具体例①　1時間目……………………………………074
- ❹授業デザインの具体例②　2時間目……………………………………088
- ❺統合的な言語活動の取り入れ方……………………………………………092
- ❻小・中連携の授業アイデア…………………………………………………098
- ❼文字，単語，文を書くことの指導（中1初期）…………………………104
- ❽「話すこと［やり取り］」の指導アイデア………………………………110
- ❾即興で「話すこと［発表］」の指導アイデア……………………………120
- ❿新しい文法事項の指導のポイント①　thatや疑問詞で始まる節……126
- ⓫新しい文法事項の指導のポイント②　仮定法……………………………128
- ⓬新しい文法事項の指導のポイント③　現在完了進行形…………………130
- ⓭パフォーマンス評価の実施方法……………………………………………132
- ⓮領域統合型問題のつくり方…………………………………………………138

あとがき

第 **1** 章

キーワードで見る
新学習指導要領改訂のポイント

新学習指導要領の特徴

1 学習指導要領を作成するにあたって

　学習指導要領はおおむね10年ごとに改訂されていますが，それぞれの時代において課題となっていることが反映されています。例えば，昭和52年〜53年の改訂では，ゆとりのある充実した学校生活の実現を目指し，各教科の目標・内容が絞られました。平成元（1989）年の改訂では，社会の変化に自ら対応できる心豊かな人間の育成を目指し，生活科の新設，道徳教育の充実などがありました。平成10（1998）年〜11（1999）年の改訂では，基礎・基本を確実に身に付けさせ，自ら学び自ら考える力などの「生きる力」の育成を目指し，教育内容が厳選されたり「総合的な学習の時間」が新設されたりしました。平成20（2008）年の改訂では，変化の激しい時代の「生きる力」の育成を目指し，確かな学力，豊かな心，健やかな身体の知・徳・体をバランスよく育てることが大切にされました。

　今度の学習指導要領は大きな改訂と言われています。過去のものは「何を教えるか」が主に示されてきましたが，新学習指導要領では「何ができるようになるか」，「どのように学ぶか」まで示されています。また，小学校高学年で外国語が教科となり，小学校３年生から英語を学ぶことになりました。その背景として，現代社会では，生産年齢人口の減少，グローバル化の進展や人口知能を代表する絶え間ない技術革新等により，予測困難な時代を生き抜く力が必要となっていることが挙げられます。子供たちが様々な変化に積極的に向き合い，他者と協働して課題を解決していくことや，様々な情報を見極め知識の概念的な理解を実現し情報を再構築するなどして新たな価値に

つなげていくこと，複雑な状況変化の中で目的を再構築できるようにすることが求められています。このため「生きる力」をより具体化し，教育課程全体を通して育成を目指す資質・能力が次の三つの柱に整理されたのです。

> ア「何を理解しているか，何ができるか（生きて働く「知識・技能」の習得）」
> イ「理解していること・できることをどう使うか（未知の状況にも対応できる「思考力・判断力・表現力等」の育成）」
> ウ「どのように社会・世界と関わり，よりよい人生を送るか（学びを人生や社会に生かそうとする「学びに向かう力・人間性等」の涵養）」

2 新学習指導要領の教科等の構成

　新学習指導要領では，教科等の目標や内容の示し方が，小学校・中学校・高等学校の縦の並びにおいても教科間の横の並びにおいても共通しています。
　まず，各教科等の目標に「見方・考え方」が位置付けられています。「見方・考え方」とは，様々な事象等を捉える各教科等ならではの視点や，各教科等ならではの思考の枠組みです。外国語の見方・考え方は「外国語で表現し伝え合うため，外国語やその背景にある文化を，社会や世界，他者との関わりに着目して捉え，コミュニケーションを行う目的や場面，状況等に応じて，情報を整理しながら考えなどを形成し，再構築すること」と整理されています。次に，目標を基に，育成を目指す資質・能力の三つの柱である「知識及び技能」，「思考力，判断力，表現力等」及び「学びに向かう力，人間性等」の目標が設定されています。その後には「目標及び内容」が教科により学年ごとまたは領域ごとに示されています。外国語は，聞くこと，話すこと［やり取り］，話すこと［発表］，読むこと，書くことの5つの領域ごとに示されています。

中学校外国語科の目標

1 目標や内容を設定するにあたって

改訂内容を検討する際には，小・中・高等学校における外国語教育の成果と課題を踏まえます。全国学力・学習状況調査の結果などから，次のことが成果・課題として挙げられています。

- 学年が上がるにつれて児童生徒の学習意欲に課題が生じている。
- 学校種間の接続が十分とは言えず，進級や進学をした後に，それまでの学習内容や指導方法等を発展的に生かすことができていない。
- 小学校における外国語活動の成果として，英語で積極的にコミュニケーションを図ろうとする態度が育成されている。
- 授業における教師の英語使用や生徒の英語による言語活動の割合などが改善されてきている。
- 文法・語彙等の知識の習得に重点が置かれ，外国語によるコミュニケーション能力の育成を意識した取組，特に話すこと及び書くことなどの言語活動が適切に行われていない。
- 「やり取り」・「即興性」を意識した言語活動が十分ではない。
- 読んだことについて意見を述べ合うなど，複数の領域を統合した言語活動が十分に行われていない。
- コミュニケーションを行う目的や場面，状況等に応じて自分の考えや気持ちなどを適切に表現することに課題がある。

こうした成果と課題を踏まえ，新学習指導要領では，互いの考えや気持ちなどを外国語で伝え合う対話的な言語活動が重視されています。話題についても，日常的なものから社会的なものまでを取り上げます。また，具体的な課題等を設定するなどして，学習した語彙や表現等を実際に活用する活動を充実させることが図られています。

　平成20（2008）年の学習指導要領で授業時数が年間105時間から140時間に増加されました。この増えた時間を言語活動の充実に充てられているかというとそうでもないと感じます。英語の授業について生徒に質問したら，「文法の練習を行い，語句を覚え，テキストの和訳を行ってばかりいて，あまり楽しくなかった」ではなく，「英語を使って友達と話し合うなどいろいろな活動を行って，力もついたし面白かった」と言ってもらえれば，前述の課題の大半を解決している授業と言えるでしょう。

2　中学校の外国語科の目標

　外国語科の目標は次のように設定されています。

> 　外国語によるコミュニケーションにおける見方・考え方を働かせ，外国語による聞くこと，読むこと，話すこと，書くことの言語活動を通して，簡単な情報や考えなどを理解したり表現したり伝え合ったりするコミュニケーションを図る資質・能力を次のとおり育成することを目指す。

　この中で，「簡単な情報や考えなどを理解したり表現したり伝え合ったりするコミュニケーションを図る資質・能力」が外国語科の目標の中心となる部分です。今回の改訂では，これまでの「理解する」「表現する」といった単方向のコミュニケーションだけでなく，「伝え合う」という双方向のコミュニケーションも重視されています。

資質・能力
「知識及び技能」

1 「資質・能力」に関する外国語科の目標

2で述べた外国語科の目標を基に,育成を目指す資質・能力の三つの柱の1つである「知識及び技能(何を理解しているか,何ができるか)」に関わる目標です。

> 外国語の音声や語彙,表現,文法,言語の働きなどを理解するとともに,これらの知識を,聞くこと,読むこと,話すこと,書くことによる実際のコミュニケーションにおいて活用できる技能を身に付けるようにする。

この目標の前半部分が「知識」,後半部分が「技能」の面となっています。学習指導要領解説(以下,「解説」)によると,前半部分は,「基礎的・基本的な知識を確実に習得しながら,既存の知識と関連付けたり組み合わせたりしていくことにより,学習内容の深い理解と,個別の知識の定着を図るとともに,社会における様々な場面で活用できる概念としていくこと」,後半部分は,「一定の手順や段階を追って身に付く個別の技能のみならず,獲得した個別の技能が自分の経験やほかの技能と関連付けられ,変化する状況や課題に応じて主体的に活用できる技能として習熟・熟達していくということ」とあります。単に知識や技能を身に付けるのではなく,それらを状況や課題に応じて活用できる力が求められています。

2 〔知識及び技能〕の内容

内容として次の項目が示されています。

ア　音声
　㋐　現代の標準的な発音
　㋑　語と語の連結による音の変化
　㋒　語や句，文における基本的な強勢
　㋓　文における基本的なイントネーション
　㋔　文における基本的な区切り
イ　符号
　感嘆符，引用符などの符号
ウ　語，連語及び慣用表現
　㋐　1に示す五つの領域別の目標を達成するために必要となる，小学校で学習した語に1600～1800語程度の新語を加えた語
　㋑　連語のうち，活用頻度の高いもの
　㋒　慣用表現のうち，活用頻度の高いもの
エ　文，文構造及び文法事項

　小学校の外国語科で指導されることが省かれ，改訂前の学習指導要領から削られたものがあります。「イ　符号」では，改訂前には終止符，疑問符，コンマ，引用符，感嘆符が例示されていましたが，今回の改訂では感嘆符と引用符しか例示されていません。ただし，小学校では限定された使い方しか触れていないので注意しなければなりません。重文や複文で用いられる終止符やコンマなどの符号の使い方は中学校において指導する必要があります。

　語彙について，小学校では600～700語が扱われるので，中学校では2200～2500語が扱われることになります。

第1章

4 資質・能力
「思考力, 判断力, 表現力等」

1 「思考力, 判断力, 表現力等」に関する外国語科の目標

　育成を目指す資質・能力の三つの柱の1つである「思考力, 判断力, 表現力等（理解していること・できることをどう使うか）」に関わる目標です。

> 　コミュニケーションを行う目的や場面, 状況などに応じて, 日常的な話題や社会的な話題について, 外国語で簡単な情報や考えなどを理解したり, これらを活用して表現したり伝え合ったりすることができる力を養う。

　解説には, 外国語学習における学習過程として次の流れが示されています。

> ①設定されたコミュニケーションの目的や場面, 状況等を理解する。
> ②目的に応じて情報や意見などを発信するまでの方向性を決定し, コミュニケーションの見通しを立てる。
> ③目的達成のため, 具体的なコミュニケーションを行う。
> ④言語面・内容面で自ら学習のまとめと振り返りを行う。

　学んだことの意味付けを行ったり, 既得の知識や経験と, 新たに得られた知識を言語活動で活用したりすることで,「思考力, 判断力, 表現力等」を高めていくことが大切になります。

2 〔思考力,判断力,表現力等〕の内容

「情報を整理しながら考えなどを形成し,英語で表現したり,伝え合ったりすることに関する事項」として,次の2つの指導事項が示されています。

> ア　日常的な話題や社会的な話題について,英語を聞いたり読んだりして必要な情報や考えなどを捉えること。
> イ　日常的な話題や社会的な話題について,英語を聞いたり読んだりして得られた情報や表現を,選択したり抽出したりするなどして活用し,話したり書いたりして事実や自分の考え,気持ちなどを表現すること。

　話題に関して,目標にもあるように,中学校では日常的な話題及び社会的な話題を扱うことになります。社会的な話題とは,環境問題や人権問題など社会で起こっている出来事や問題に関わる話題のことです。まず,それらを聞いたり読んだりするときに,その目的や場面,状況等に応じてどのような情報を得るべきなのかを判断します。次に,得た情報を整理したり,吟味したり,既知の知識と照らし合わせて関連付けたりして,必要な情報や考えを理解します。さらに,相手に伝えるために,得た情報から伝えるべき必要な情報を取り上げ,それを伝えるためにどの表現が活用できるのかを考えます。
　〔思考力,判断力,表現力等〕を育てるためには,聞くこと・読むことを話すこと・書くことにつなげる統合的な言語活動を設定しなければなりません。そのためには教科書本文の扱いが鍵を握ります。文法や語彙などの知識を教えるついでに本文を扱うような授業をしてはいけません。本文を深く理解するために生徒にどのような質問ができるか,本文内容から何を考えさせるのか,読んだ後でどのような言語活動を行わせることができるかなどを工夫することが重要になります。

資質・能力
「学びに向かう力，人間性等」

1 「学びに向かう力，人間性等」に関する外国語科の目標

　育成を目指す資質・能力の三つの柱の1つである「学びに向かう力，人間性等（どのように社会・世界と関わり，よりよい人生を送るか）」に関わる目標です。

> 　外国語の背景にある文化に対する理解を深め，聞き手，読み手，話し手，書き手に配慮しながら，主体的に外国語を用いてコミュニケーションを図ろうとする態度を養う。

　主体的に外国語を用いてコミュニケーションを図ろうとする態度がなければ，「知識及び技能」と「思考力，判断力，表現力等」を身に付けさせることは無理でしょう。また，「知識及び技能」を実際にコミュニケーションの場面において活用し，考えを形成・深化させ，話したり書いたりして表現することを繰り返すことで，生徒に自信が生まれ，主体的に取り組む態度が向上します。したがって，「知識及び技能」及び「思考力，判断力，表現力等」と「学びに向かう力，人間性等」の資質・能力は不可分に結び付いていることになります。

　コミュニケーションを図る際，相手のことを考えることは極めて重要で当たり前のことです。個人によって，育った環境，価値観，習慣，考え方などはまちまちです。日本語でコミュニケーションをとる際にも誤解はあるはずです。当然ながら国が違えば文化や習慣はもっと異なります。相手の話を聞

くとき，相手に話すとき，相手の書いたものを読むとき，相手に何かを書くときには相手のことを配慮する必要があります。例えば，相手が言ったことがよく分からなければ聞き返したり，説明を求めたりして誤解がないようにするはずです。英語は外国語なので，外国の方とコミュニケーションを図ることが必然的に多くなります。相手の外国語の文化的背景によって配慮の仕方も変わってくるでしょう。さらに，「外国語の学習を通して，他者を配慮し受け入れる寛容の精神や平和・国際貢献などの精神を獲得し，多面的思考ができるような人材を育てることも必要である」と，「主体的に」という言葉には，「単に授業等において積極的に外国語を使ってコミュニケーションを図ろうとする態度のみならず，学校教育外においても，生涯にわたって継続して外国語習得に取り組もうとするといった態度を養うことを目標としている」と解説に記されています。

2 生徒にどのような働きかけを行ったらよいか

「学びに向かう力，人間性等」を育てるために私たち教師が気を付けなければならないことは何でしょうか？

まず，英語を単なる知識として捉えるのではなく，コミュニケーションを図るための手段であるという認識を生徒にもたせたいものです。例えば，話すこと［やり取り］の言語活動を行わせる際，「相手が黙ってしまったらどうすればいい？」，「相手に自分の言いたいことを理解させられないときにどうすればいい？」などと相手のことを考えさせます。文章を読ませる際，「何でこのように考えたのか？」，「どのような考え方に基づいて行動したのか？」など筆者の考えや気持ちを推測させます。このような働きかけで徐々に他者に配慮する習慣が身に付いてきます。

また，言語のもつすばらしさを経験させ，生涯にわたって学習しようとする態度を小・中・高等学校の数年間をかけて育てたいものです。

第1章

6 外国語によるコミュニケーションにおける見方・考え方

1 各教科等における「見方・考え方」の設定

　各教科等の「見方・考え方」とは，深い学びの鍵として，どのような視点で物事を捉え，どのような考え方で思考していくのかというその教科等ならではの物事を考える視点や考え方です。例えば他教科の「見方・考え方」は以下のようになっています。

国語科「言葉による見方・考え方」
　自分の思いや考えを深めるため，対象と言葉，言葉と言葉の関係を，言葉の意味，働き，使い方等に着目して捉え，その関係性を問い直して意味付けること

音楽科「音楽的な見方・考え方」
　音楽に対する感性を働かせ，音や音楽を，音楽を形づくっている要素とその働きの視点で捉え，自己のイメージや感情，生活や社会，伝統や文化などと関連付けること

道徳科「道徳科における見方・考え方」
　様々な事象を道徳的諸価値をもとに自己との関わりで広い視野から多面的・多角的に捉え，自己の人間としての生き方について考えること

　こうした「見方・考え方」を，習得・活用・探究を見通した学習過程の中で働かせながら思考・判断・表現し，「見方・考え方」を更に成長させながら，資質・能力を獲得していくことが「深い学び」となります。

2 外国語科の「見方・考え方」

　外国語科の「見方・考え方」は「外国語によるコミュニケーションにおける見方・考え方」として，次のように示されています。

> 　外国語で表現し伝え合うため，外国語やその背景にある文化を，社会や世界，他者との関わりに着目して捉え，コミュニケーションを行う目的や場面，状況等に応じて，情報を整理しながら考えなどを形成し，再構築すること

　「どのような視点で物事を捉え（見方）」では，「外国語やその背景にある文化を，社会や世界，他者との関わりに着目して捉え」と示されています。また，「どのような考え方で思考していくのか（考え方）」では，「コミュニケーションを行う目的や場面，状況等に応じて，情報を整理しながら考えなどを形成し，再構築する」と示されています。

　外国語でコミュニケーションを他者と行う際には，社会や世界との関わりの中で事象を捉えることと，外国語そのものの理解の他にその背景にある文化的知識も必要となります。例えば，日本の文化では曖昧さや謙虚さなどが大切にされていますが，欧米などでは自分の意志をはっきりと示します。このような文化的背景を理解しながら相手に配慮する必要があります。

　解説には，「多様な人々との対話の中で，目的や場面，状況等に応じて，既習のものも含めて習得した概念（知識）を相互に関連付けてより深く理解したり，情報を精査して考えを形成したり，課題を見いだして解決策を考えたり，身に付けた思考力を発揮させたりすることであり，「外国語で表現し伝え合う」ためには，適切な言語材料を活用し，思考・判断して情報を整理するとともに，自分の考えなどを形成，再構築することが重要である」と示されています。

第1章 7

小学校における外国語の教科化

1 小学校外国語科の目標

　これまで5・6年生で行われてきた外国語活動が3・4年生で行われ，新たに5・6年生で英語が教科として教えられることになりました。3・4年生では年間35時間，5・6年生では年間70時間が実施されるので，4年間の合計が210時間となります。平成23（2011）年度から外国語活動が2年間で70時間実施されましたが，学校によりその指導はまちまちなため，中学1年生に対してそれ以前と変わらない指導を行っていたと思います。しかし，小学校で教科として英語が教えられることにより，指導内容を変えなければなりません。そのためには，小学校の指導内容をしっかりと把握する必要があります。まず，外国語の目標から見てみましょう。

　　外国語によるコミュニケーションにおける見方・考え方を働かせ，外国語による聞くこと，読むこと，話すこと，書くことの言語活動を通して，コミュニケーションを図る基礎となる資質・能力を次のとおり育成することを目指す。
(1)　外国語の音声や文字，語彙，表現，文構造，言語の働きなどについて，日本語と外国語との違いに気付き，これらの知識を理解するとともに，読むこと，書くことに慣れ親しみ，聞くこと，読むこと，話すこと，書くことによる実際のコミュニケーションにおいて活用できる基礎的な技能を身に付けるようにする。
(2)　コミュニケーションを行う目的や場面，状況などに応じて，身近で

> 簡単な事柄について，聞いたり話したりするとともに，音声で十分に慣れ親しんだ外国語の語彙や基本的な表現を推測しながら読んだり，語順を意識しながら書いたりして，自分の考えや気持ちなどを伝え合うことができる基礎的な力を養う。
>
> (3) 外国語の背景にある文化に対する理解を深め，他者に配慮しながら，主体的に外国語を用いてコミュニケーションを図ろうとする態度を養う。

　小学校中学年の外国語活動では，外国語の音声や基本的な表現に慣れ親しませることが目標ですが，これに読むことと書くことが加えられています。小学校では4技能が扱われますが，読むことと書くことに関しては慣れ親しませることが目標となっています。

2 「思考力，判断力，表現力等」に関わる目標

　理解していること・できることをどう使うかという「思考力，判断力，表現力等」に関する(2)の目標をもう少し詳しく見てみましょう。

　話題に関しては，中学校は日常的または社会的な話題ですが，小学校では「身近で簡単な事柄」となっています。例えば，「学校の友達や教師，家族，身の回りの物や自分が大切にしている物，学校や家庭での出来事や日常生活で起こることなど」と解説に例示されています。

　読んだり書いたりする内容については，音声として十分に慣れ親しんだものとなります。つまり，何度も聞いたり話したりする単語や文を思い出しながら読んだり，bookのbの発音を思い出してbedを推測しながら発音したり，何度も聞いた文の語順を意識しながら書いたりする力が求められています。書くことに関しては，文を書き写したり，例文を見ながら書いたりなどする活動となります。

小学校で使用される教材

1 移行措置の教材

　2018年度から2019年度の2年間，小学校では移行措置となり，中学年で年間15時間の外国語活動，高学年で年間50時間の英語が最低でも実施されています。その期間に使用される高学年用の教材が『We Can!』（文部科学省発行）です。2020年度からは各教科書会社が作成した教科書が使用されますが，おそらく『We Can!』の内容に近いものとなると予想されます。したがって，小学校からの指導を受けて中学校で効果的且つ適切に指導するためには『We Can!』の内容をよく理解しておく必要があります。

2 『We Can!』の内容

　小学校5年生では『We Can! 1』，小学校6年生では『We Can! 2』が使われていますが，その単元名を見てみましょう。

　単元名を見るだけで，平成28（2016）年度版の中学校1年生及び2年生用の教科書に載っている言語材料が使われていることが分かります。『We Can!』には教師用指導書（以下「TM」）が用意されており，各単元の指導手順や各言語活動の指導方法が細かく示されています。また，Listen to your friend carefully. などの指導者の表現例まで載っています。さらに，ビデオ教材も配布されるので，『We Can!』に沿った指導が効果的に行われることが期待されます。

We Can! 1

Unit	単元名と内容
1	Hello, everyone.（アルファベット・自己紹介）
2	When is your birthday?（行事・誕生日）
3	What do you have on Monday?（学校生活・教科・職業）
4	What time do you get up?（一日の生活）
5	She can run fast. He can jump high.（できること）
6	I want to go to Italy.（行ってみたい国や地域）
7	Where is the treasure?（位置と場所）
8	What would you like?（料理・値段）
9	Who is your hero?（あこがれの人）

We Can! 2

Unit	単元名と内容
1	This is ME!（自己紹介）
2	Welcome to Japan.（日本の文化）
3	He is famous. She is great.（人物紹介）
4	I like my town.（自分たちの町・地域）
5	My Summer Vacation（夏休みの思い出）
6	What do you want to watch?（オリンピック・パラリンピック）
7	My Best Memory（小学校生活・思い出）
8	What do you want to be?（将来の夢・職業）
9	Junior High School Life（中学校生活・部活動）

第1章 9

小学校で行われる言語活動

1 『We Can!』における様々な活動

『We Can!』に設定されている活動名とその内容を見てみましょう。どのような活動を生徒が経験してきたか,また,どのような英文を習ってきたのかを把握することは,中学1年生を指導する上でとても大事です。

・Let's Listen	・デジタル教材の英語を聞き,表を完成させたり,線で結ばせたりする活動
・Let's Play	・指導者が言う単語を指さすゲームやカードを使ったものなど,聞くことと話すことを中心とした様々なタイプの活動
・Let's Read and Write	・モデルとなる語句や文を読み,それを参考にして書かせる活動
・Let's Watch and Think	・映像を視聴し,分かったことを記入させるなどの活動
・Let's Chant	・ターゲットの語彙や文のチャンツ活動
・Let's Talk	・話すことの発表ややり取りに関する活動
・Activity	・スピーチやShow & Tellなどの発表活動やカード,ポスターなどの作成
・STORY TIME	・物語を読む活動

2 Small Talk

TMでは，授業の初めにSmall Talkが設定されています。小学5年生（p.23）では，以下のように，教師が発話してから児童に質問を行います。

先生　：My birthday. My birthday is January 2nd. It's during *oshogatsu*. When is your birthday? January? February? March? When is your birthday, Ken?
児童1：5月19日。
先生　：I see. May 19th. Your birthday is May 19th.（以下省略）

また，小学6年生（p.81）では，児童同士が次のようなやり取りを行うようになっています。

児童1：Where do you want to go?
児童2：I want to go to Hawaii.
児童1：You want to go to Hawaii? That sounds nice. Why?
児童2：I like swimming. I want to swim in the beautiful sea. How about you? Where do you want to go?

かなり高度なやり取りが例として示されていることが分かります。

3 『We Can! 2』の最後に設定されている発表活動

『We Can! 2』の最後には，「中学校生活に向けた思いを発表しよう」というActivityが設定されています。そのモデル文（p.72）を見てみましょう。

I want to join the soccer team. What club do you want to join? I like running. I can run fast. I want to enjoy sports day. What event do you want to enjoy?

聞き手を意識して質問するなど，かなりレベルの高い英文です。中学校に入学してくる生徒はこのような英語教育を受けてきているのです。

第1章 10

他教科と連携した指導計画の作成

1 指導計画を作成するにあたって

　指導計画を作成するにあたっては，小学校や高等学校における指導との接続に留意する必要があります。また，次の配慮事項が示されています（括弧は引用者による）。

> ア　単元など内容や時間のまとまりを見通して，その中で育む資質・能力の育成に向けて，生徒の主体的・対話的で深い学びの実現を図るようにすること。その際，具体的な課題等を設定し，生徒が外国語によるコミュニケーションにおける見方・考え方を働かせながら，コミュニケーションの目的や場面，状況などを意識して活動を行い，英語の音声や語彙，表現，文法の知識を五つの領域における実際のコミュニケーションにおいて活用する学習の充実を図ること。
> イ　学年ごとの目標を適切に定め，3学年間を通じて外国語科の目標の実現を図るようにすること。
> ウ　実際に英語を使用して互いの考えや気持ちを伝え合うなどの言語活動を行う際は，2の(1)に示す言語材料（第2章を参照）について理解したり練習したりするための指導を必要に応じて行うこと。また，小学校第3学年から第6学年までに扱った簡単な語句や基本的な表現などの学習内容を繰り返し指導し定着を図ること。
> エ　生徒が英語に触れる機会を充実するとともに，授業を実際のコミュニケーションの場面とするため，授業は英語で行うことを基本とする。

その際，生徒の理解の程度に応じた英語を用いるようにすること。
 オ　言語活動で扱う題材は，生徒の興味・関心に合ったものとし，国語科や理科，音楽科など，他の教科等で学習したことを活用したり，学校行事で扱う内容と関連付けたりするなどの工夫をすること。
 カ　障害のある生徒などについては，学習活動を行う場合に生じる困難さに応じた指導内容や指導方法の工夫を計画的，組織的に行うこと。
 キ　指導計画の作成や授業の実施に当たっては，ネイティブ・スピーカーや英語が堪能な地域人材などの協力を得る等，指導体制の充実を図るとともに，指導方法の工夫を行うこと。

2 他教科との連携

　英語科で行う言語活動や扱う題材について，他教科と重なっていることがよくあります。例えば，スピーチやプレゼンテーション等の発表活動であれば，国語科や総合的な学習の時間などで指導していることが考えられます。実際に国語科で行う言語活動として，「報告や解説などの文章を読み，理解したことや考えたことを説明したり文章にまとめたりする活動」や「本や新聞，インターネットなどから集めた情報を活用し，出典を明らかにしながら，考えたことなどを説明したり提案したりする活動」等を行っているはずです。英語科で同様の活動を行う際，国語科でどのような指導が行われたのかを把握しておくと，指導に生かせます。

　また，教科書で扱う題材について，関連したことをすでに理科や社会科で学んでいることがあります。生徒がすでに学んだことを背景知識として生かしたり，伝え合う活動や発表活動に生かしたりすることもできるはずです。

　他教科との連携を効果的に行うためには，「今度，題材として〇〇を扱うのだけど，理科ではどんなことを指導しましたか？」のように普段から他教科の先生方と情報交換することが大切です。

第1章 11

高等学校における指導内容

1 高等学校における外国語科の目標

高等学校の外国語科の目標が次のように設定されました。

> 　外国語によるコミュニケーションにおける見方・考え方を働かせ，外国語による聞くこと，読むこと，話すこと，書くことの言語活動及びこれらを結び付けた統合的な言語活動を通して，情報や考えなどを的確に理解したり適切に表現したり伝え合ったりするコミュニケーションを図る資質・能力を次のとおり育成することを目指す。
> (1) 外国語の音声や語彙，表現，文法，言語の働きなどの理解を深めるとともに，これらの知識を，聞くこと，読むこと，話すこと，書くことによる実際のコミュニケーションにおいて，目的や場面，状況などに応じて適切に活用できる技能を身に付けるようにする。
> (2) コミュニケーションを行う目的や場面，状況などに応じて，日常的な話題や社会的な話題について，外国語で情報や考えなどの概要や要点，詳細，話し手や書き手の意図などを的確に理解したり，これらを活用して適切に表現したり伝え合ったりすることができる力を養う。
> (3) 外国語の背景にある文化に対する理解を深め，聞き手，読み手，話し手，書き手に配慮しながら，主体的，自律的に外国語を用いてコミュニケーションを図ろうとする態度を養う。

　中学校の目標との違いは，4つの技能を結び付けた統合的な言語活動が明

記されていること,「適格に」,「適切に」,「自律的に」などが加わったことです。小・中・高において首尾一貫した目標であることが分かります。

2 科目における目標

　科目の名称が「コミュニケーション英語」から「英語コミュニケーション」へ,「英語表現」から「論理・表現」へと変わりました。必履修科目である「英語コミュニケーションⅠ」では,どのような目標が設定されているのかを簡単にまとめて示します。
- ・聞くことでは,必要な情報を聞き取り,話し手の意図を把握したり,概要や要点を目的に応じて捉えたりすることができる。
- ・読むことでは,必要な情報を読み取り,書き手の意図を把握したり,概要や要点を目的に応じて捉えたりすることができる。
- ・話すこと［やり取り］では,聞いたり読んだりしたことを基に,情報や考え,気持ちなどを論理性に注意して伝え合うことができる。
- ・話すこと［発表］では,聞いたり読んだりしたことを基に,情報や考え,気持ちなどを論理性に注意して伝えることができる。
- ・書くことでは,聞いたり読んだりしたことを基に,情報や考え,気持ちなどを論理性に注意して伝える文章を書くことができる。

次に,「論理・表現Ⅰ」の目標について簡単に示します。
- ・話すこと［やり取り］では,ディベートやディスカッションなどの活動を通して,聞いたり読んだりしたことを活用しながら,意見や主張などを論理の構成や転換を工夫して伝え合うことができる。
- ・話すこと［発表］では,スピーチやプレゼンテーションなどの活動を通して,聞いたり読んだりしたことなどを活用しながら,意見や主張などを論理の構成や展開を工夫して伝えることができる。
- ・書くことでは,論理の構成や展開を工夫して伝える文章を書くことができる。

12

学習評価の３観点

1 観点別学習状況の評価

　学習評価とは，学校における教育活動に関し，子供たちの学習状況を評価するものです。観点別学習状況の評価は，昭和55年版の生徒指導要録で新設されました。さらに，平成14年度より，中学校では目標に準拠した評価が位置付けられました。これにより，外国語科では「コミュニケーションへの関心・意欲・態度」，「表現の能力」（平成22年に「外国語表現の能力」に変更），「理解の能力」（平成22年に「外国語理解の能力」に変更），「言語や文化についての知識・理解」の４つの観点で評価することになりました。そして，話すこと，書くこと，読むこと（音読）を外国語表現の能力，聞くことと読むことを外国語理解の能力に分けて評価してきました。
　観点別学習状況の評価を行うには，次の例のような評価規準を作成し，評価を行います。

評価規準の例
- 相づちを打ったりメモをとったりするなど，相手の話に関心をもって聞いている。（コミュニケーションへの関心・意欲・態度）
- 伝えたい内容，場面，相手によって語句や表現を選択し話すことができる。（外国語表現の能力）
- 書かれた情報について大切な部分を読み取ることができる。（外国語理解の能力）
- 文構造についての知識がある。（言語や文化についての知識・理解）

　これらの評価を総括し，各観点をＡＢＣの３段階で評価し，さらに１から

5の5段階の評定に総括しています。

2 新学習指導要領における3つの観点

　観点別評価については，「知識・技能」,「思考・判断・表現」,「主体的に学習に取り組む態度」の3観点で行うことになります。これまで,「知識」は「言語や文化についての知識・理解」の観点,「技能」は「外国語表現の能力」及び「外国語理解の能力」の観点でした。しかし，新学習指導要領では，5つの領域ごとに,「知識及び技能」と「思考力，判断力，表現力等」を一体的に育成する目標が設定されています。そのため,「知識・技能」と「思考・判断・表現」の線引きが難しいことが予想されます。これまで「言語や文化についての知識・理解」で評価していた語彙（綴りを正確に書くことができるなど）や文法（語順や時制などの知識があるなど）に関しては「知識・技能」の観点となりますが，技能については,「知識・技能」と「思考・判断・表現」のどちらで評価するべきか悩むことがありそうです。

　「思考・判断・表現」では領域を統合させた評価も行うことになります。例えば,「書くこと」の目標の1つに「社会的な話題に関して聞いたり読んだりしたことについて，考えたことや感じたこと，その理由などを，簡単な語句や文を用いて書くことができるようにする」があります。これを評価するには，読んだことについて自分の考えを書かせるタイプの問題が考えられます。従来の4観点であると，読むことの「外国語理解の能力」で評価するのか，書くことの「外国語表現の能力」で評価するのかはっきりしないことからこのような問題を避ける傾向がありましたが，新学習指導要領では領域統合型の言語活動を積極的に行い，評価する必要があります。

　観点別評価では，5つの領域の言語活動を授業内にバランスよく設定し，適切に評価していくことが求められます。また，面接・スピーチ・エッセイ等で生徒のパフォーマンスを評価するなど，各領域の特性に合わせ，様々な評価方法を取り入れることも求められています。

第2章

資質・能力を育む
外国語科の指導のポイント

CHAPTER 2

「主体的・対話的で深い学び」の視点からの授業改善

1 主体的・対話的で深い学びの視点

　文部科学省の「答申」において，アクティブ・ラーニング（主体的・対話的で深い学び）の視点として，次の資料が公表されています。

> 【深い学び】
> 　習得・活用・探究という学びの過程の中で，各教科等の特質に応じた「見方・考え方」を働かせながら，知識を相互に関連付けてより深く理解したり，情報を精査して考えを形成したり，問題を見いだして解決策を考えたり，思いや考えを基に創造したりすることに向かう「深い学び」が実現できているか。
> 【対話的な学び】
> 　子供同士の協働，教職員や地域の人との対話，先哲の考え方を手掛かりに考えること等を通じ，自己の考えを広げ深める「対話的な学び」が実現できているか。
> 【主体的な学び】
> 　学ぶことに興味や関心を持ち，自己のキャリア形成の方向性と関連付けながら，見通しを持って粘り強く取り組み，自己の学習活動を振り返って次につなげる「主体的な学び」が実現できているか。

　主体的・対話的で深い学びを具体的に考える際，その逆を考えると分かりやすいかもしれません。例えば，次のような指導が該当します。

・教師が一方的に説明し，生徒がノートを取っている。
・文法や語彙の習得に重きが置かれている。
・本文に書かれていることのみを質問する。

2 主体的・対話的で深い学びを実現するための指導のポイント

　では，主体的・対話的で深い学びを実現するために，私たちは授業の中で何をするべきなのでしょう。思いつくまま箇条書きで挙げてみます。

・知りたいことや興味をもったことについて生徒自らが調べ，整理し，発表する機会を設定する。
・筆者が一番言いたいことは何か，またそれに対してどう思うかなどを生徒同士で話し合わせる。
・登場人物の気持ちを推測させ，自分だったらどうするかなどと考えさせ，生徒同士で共有させる。
・自分の考えが聞き手に分かりやすく伝えられるように，発話内容や話の組み立て方などを工夫させる。
・教科書に書かれていない行間を読み取らせる質問を生徒に行い，考えや意見を交換させる。
・以前習った語彙や文法事項などの知識を生徒自らが考え，総合的に利用する機会を与える。
・生徒が興味・関心をもつように，教材や言語活動を工夫したり，動画，写真，実物などを活用したりする。
・教師，他の生徒，他の先生，書籍などの資料（筆者）など様々な人の考えを知る機会を設け，自分の考えと比べさせる。

　教師が一方的に教え込む授業ではなく，生徒同士が自分のもっている知識・経験・意見などを活発に交換・共有し，互いから学び合える授業が求められています。教師は，生徒の活動を促進したり軌道修正したり，上手にアドバイスを与えたりする「脇役」に徹することがときには大事になります。

「聞くこと」の言語活動

1 「聞くこと」の目標

　新学習指導要領では「知識及び技能」と「思考力，判断力，表現力等」を一体的に育成する目標が5つの領域ごとに示されています。聞くことは以下の目標となっています。

> ア　はっきりと話されれば，日常的な話題について，必要な情報を聞き取ることができるようにする。
> イ　はっきりと話されれば，日常的な話題について，話の概要を捉えることができるようにする。
> ウ　はっきりと話されれば，社会的な話題について，短い説明の要点を捉えることができるようにする。

　まず，話題についてですが，アとイについては日常的な話題，ウについては社会的な話題となっています。小学校の外国語科では「日常生活に関する身近で簡単な事柄」となっていますが，中学校では，学校生活や家庭生活など日常的な話題に加え，エネルギー問題や国際協力などの社会的な話題も扱うことになります。次に聞き取る内容ですが，「必要な情報」，「話の概要」，「短い説明の要点」とあります。「必要な情報」とは，天気予報や交通情報のような目的に応じて知りたいことやほしい情報となります。「概要」とは話のあらましを意味し，「要点」とは話し手が伝えようとする最も重要な点です。いずれも，「はっきりと話されれば」という条件が付いています。明瞭

な音声で、過度に遅くなく自然な速度に近い音声を聞き取ることができるように指導します。

2 「聞くこと」の活動のポイント

　聞くことの活動は教科書にたくさん載っていますが、教科書に設定されている活動だけでは不十分です。日頃の授業で、教師の英語、生徒の話す英語、動画などの補足教材の英語を聞かせる機会を多く設定することが大切です。聞くことの力の伸びは聞く量と比例していると言ってもよいでしょう。新学習指導要領に「授業は英語で行うことを基本とする」とありますが、授業の中で、英語を聞かせて理解させる活動を数多く設定しましょう。

　さて、私たちが日常生活や社会生活の中で何かを聞く際、全てを同じように聞いている訳ではありません。場面、状況、目的に応じて様々な聞き方をしているはずです。授業でも様々な場面設定の中で、状況や目的に応じた聞き取り方をさせるべきです。例えば、教師の話す英語を聞かせる際も生徒の聞き取り方は異なります。教師が次の授業の持ち物や課題を指示しているのなら、何を持ってくればよいか、何をいつまでに準備してくればよいかを聞き取ればよいことになります。授業の初めにSmall Talkとして教師が週末にしたことや最近の出来事などを話しているのなら、話のあらましを理解すればよいことになります。また、教科書の題材と関連させて自分の意見を述べているのなら、教師が最も伝えたい大切な部分を理解すればよいことになります。

　話される全ての情報を一字一句漏らさず聞くことは伝言を頼まれたときなどを除いたら稀でしょう。生徒に「聞こえてきた内容を全てしっかり理解しなければならない」という意識を過度にもたせないようにしたいものです。知らない単語が出てきたらすぐに聞くことを止めてしまう生徒を作らないためにも、生徒にもその場に応じた聞き取り方を意識させ、どんなときにどのような聞き方をすればよいのかを指導しましょう。

「読むこと」の言語活動

1 「読むこと」の目標

読むことは以下の目標となっています。

> ア 日常的な話題について，簡単な語句や文で書かれたものから必要な情報を読み取ることができるようにする。
> イ 日常的な話題について，簡単な語句や文で書かれた短い文章の概要を捉えることができるようにする。
> ウ 社会的な話題について，簡単な語句や文で書かれた短い文章の要点を捉えることができるようにする。

　読むことの目標は聞くことの目標とパラレルの関係となっています。話題については，生徒にとって身近な学校生活や家庭生活などの日常的な話題及び自然環境問題や平和問題などの社会的な話題となっています。また，読むことの目的は，「必要な情報を読み取る」，「概要を捉える」，「要点を捉える」となっており，いずれも聞くことの目標と同じです。では，「簡単な語句や文」のレベルはどのくらいでしょうか。「短い文章」と示されていますが，概要を捉えるためにはある程度の分量がなければ成立しません。したがって，教科書や高校入試問題が1つの目安となるでしょう。次にテキストタイプを考えてみましょう。「必要な情報を読み取る」ためなら，広告やパンフレット，予定表，手紙，電子メールなど，「概要を捉える」ためなら，物語文，スピーチ文，日記など，「要点を捉える」ためなら，説明文，スピーチ文な

どが適しています。

2 「読むこと」の活動のポイント

　私たちが日常生活で読むことをどのように行っているかを考えてみましょう。新聞を読むときには，見出しをさっと読んで，興味をもった記事をじっくりと読み，何がいつどのように誰が関わって起きたかなどと把握する読み方をするでしょう。機器などの取扱い説明書を読むときは，必要な部分のみを探して読むはずです。小説を読むときには，ときに自分が場面の中に入り込むように熱中して読むことがあります。このように日常生活で行っている様々なタイプの読み方を英語の授業の中でも設定したいものです。最も好ましくないのは，教科書の本文を語彙や文法事項を教えるための教材と捉え，英文に含まれる語句や文法事項の解説に終始し，内容について考えさせることを疎かにする扱い方です。確かに，本文には新出文法事項や語彙が散りばめられているので，これらを導入したり，文脈の中でより深く理解させたりする役割も担っています。しかし，そればかりに気を取られてしまっては，文章を読む楽しさを生徒に感じさせることができなくなってしまいます。

　教科書はパートに分かれていることが多く，1つのまとまりのある文章をいくつかに分けて読ませることがあります。これにより，長い文章を一気に読む機会をあまり与えられずにいるのではないでしょうか。読ませる目的により分量は異なりますが，日常的な話題で生徒にとって読みやすいものであれば，1,000語程度の長い文章を一気に読ませる機会を3年間の中で何度か設定したいものです。簡単な語彙で書かれている洋書を読ませてもいいでしょう。

　聞くことと同様になりますが，1つの分からない単語があったら「分からない」と読むことを止めてしまったり，辞書でいちいち意味を調べないと先に進めなかったりする生徒を作らないようにしたいものです。

「話すこと [やり取り]」の言語活動

1 「話すこと [やり取り]」の目標

　話すことについては，[やり取り] と [発表] の2つの領域に分かれました。話すこと [やり取り] は以下の目標となっています。

> ア　関心のある事柄について，簡単な語句や文を用いて即興で伝え合うことができるようにする。
> イ　日常的な話題について，事実や自分の考え，気持ちなどを整理し，簡単な語句や文を用いて伝えたり，相手からの質問に答えたりすることができるようにする。
> ウ　社会的な話題に関して聞いたり読んだりしたことについて，考えたことや感じたこと，その理由などを，簡単な語句や文を用いて述べ合うことができるようにする。

　[やり取り] は話し手と聞き手の役割を交互に繰り返す双方向での活動を表します。アに「即興で」とあるのは，原稿を暗唱して行う活動ではないことを明確に示すためです。話題に関しては「関心のある事柄」，「日常的な話題」，「社会的な話題」となっています。「関心のある事柄」とは，スポーツ，音楽，学校行事，日常の出来事など，身の回りのことで生徒が共通して関心をもっていることです。それらの話題について，自由に対話を行います。イでは，2つの活動が求められています。事実や考え，気持ちなどのまとまった内容を相手に伝えること，そして，その内容に対する質問に応答するなど

して相手とのやり取りを展開させることです。ウでは，聞いたり読んだりした社会的な話題について，ペア・ワークやグループ・ワークなどで互いに意見を述べ合ったり，情報の交換を行ったりします。

2 「話すこと［やり取り］」の活動のポイント

即興で対話を行う活動はチャットなどと呼ばれ，徐々に行われるようになってきました。しかし，十分に行われているとは言えません。話すことの活動を行わない理由としては，語彙などが不足しているために生徒が自分の言いたいことを言えない，話すことの活動のやり方が分からない，入試において話すことの技能が求められていない，正しく言えるように指導しづらい，文法の指導で時間が足りないなどが挙げられると思います。しかし，私たちの生活を考えると，昔よりもずっと英語を使って対話をする機会が増えてきました。コミュニケーションのツールである英語を教えるからには，社会で役立つように指導したいものです。

話すことは他の技能に比べてなかなか上達しません。生徒に即興で話させると，1年生で教えた三単現のｓを3年生になってもしっかりと言えないのではないでしょうか。しかし，これは当然です。話す内容を瞬時に考え，それを英語の形にしてアウトプットするのは非常に難しいことです。

［やり取り］が上手になるためのコツは，［やり取り］に慣れさせ，自分が言えることの数を増やすことです。母語である日本語の会話においても，相手の発話に合わせて述べる言葉や自分が切り出す話題が同じになることが多いと思います。帯活動で，話し相手を毎回替えて，同じ話題について複数回話させるなどの活動はとても有効です。1つの話題について何度も話せば，その都度言えることの数が増えていくからです。その際，様々な会話技術や表現を少しずつ指導していきましょう。また，意見や理由などを言わせる際には，言い方の型を示すことも相手に分かりやすく発話するために大切です。まずは帯活動で［やり取り］の活動を入れてみましょう。

「話すこと [発表]」の言語活動

1 「話すこと [発表]」の目標

話すこと [発表] は以下の目標となっています。

> ア 関心のある事柄について，簡単な語句や文を用いて即興で話すことができるようにする。
> イ 日常的な話題について，事実や自分の考え，気持ちなどを整理し，簡単な語句や文を用いてまとまりのある内容を話すことができるようにする。
> ウ 社会的な話題に関して聞いたり読んだりしたことについて，考えたことや感じたこと，その理由などを，簡単な語句や文を用いて話すことができるようにする。

[発表] は，聞き手に対して一方向で話して伝える活動です。アは，やり取りの目標における「伝え合う」が話すことになっています。ここでも「即興で」となっていますが，準備をして暗唱した上で発表させるのではなく，その場で発話内容を考え，文を組み立てながら話させます。既習の語彙や表現の中から適切なものを瞬時に選び，すぐに組み立てて話さなければならないため，かなり高度な活動となります。イは，準備する時間を想定しているので，話す内容を考えたら，聞き手に分かりやすくするために，話す順序や構成を工夫したり，事実と考えを分けて整理したりなどをします。ウでは，やり取りと同様に，社会的な話題について聞いたり読んだりしたことを基に，

考えたことや感じたことなどを，その理由を加えて発表できるように指導します。

2 「話すこと［発表］」の活動のポイント

　話すことには，即興で行う活動が新たに加わりました。［やり取り］だけではなく，［発表］においても即興で伝える活動を設定しなければなりません。スピーチ活動は現行の教科書でも多く取り入れられていることから，必ず行っている活動でしょう。しかし，そのほぼ全てが十分に準備をさせた後に発表させるタイプです。［やり取り］で述べたように，即興で話せる力はすぐには育ちません。活動時間を意識的に確保し，繰り返し行わせなければできるようにはなりません。また，発話に誤りがあったり，たどたどしかったりしても，それが当たり前だと認識しながら指導する姿勢が大切です。

　日常生活でまとまりのある内容を即興で話す場面を考えてみると，まず，自己紹介が思い浮かぶかもしれません。生徒は入学時点でもある程度のことは言えますが，新しい語彙や文法事項を学ぶごとに言えることが増えていきます。現在完了の文を学べば，どのくらいの期間続けて行っているなどの情報を相手に伝えることができるようになります。ときどき，即興で自己紹介を行わせると，生徒に自分の英語力の伸びを感じ取らせることができます。

　コミュニケーションを図るときには必ず相手がいます。したがって，書くときには読み手を，話すときには聞き手を意識しなければなりません。例えば，スピーチの原稿を書くとき，辞書などで調べた単語が難しく，聞き手が分からないとしたらどうでしょうか。その単語に固執していては独りよがりのパフォーマンスになってしまうかもしれません。また，自分の入っている部活動のことを話すスピーチで，全員が知っている情報ばかりを話したら，聞き手は飽きてしまうかもしれません。これからは「相手のことを考えて話す」という指導がとても大切になります。単に話させればよいということではないのです。

「書くこと」の言語活動

1 「書くこと」の目標

書くことは以下の目標となっています。

> ア 関心のある事柄について，簡単な語句や文を用いて正確に書くことができるようにする。
> イ 日常的な話題について，事実や自分の考え，気持ちなどを整理し，簡単な語句や文を用いてまとまりのある文章を書くことができるようにする。
> ウ 社会的な話題に関して聞いたり読んだりしたことについて，考えたことや感じたこと，その理由などを，簡単な語句や文を用いて書くことができるようにする。

書くことの目標は話すこと［発表］とパラレルの関係になっています。アの目標には「正確に」と示されています。他の領域には示されていない目標です。これは，文構造や文法事項を正しく用いて正しい語順で文を構成すること，伝えたいことについての情報を正確に捉え，整理したり確認したりしながら書くことを表しています。イでは，「まとまりのある文章を書く」とあります。場合によっては話すことよりも多くの語数を用いて表現することができるでしょう。ウでは，話すことのやり取りや発表と同様に，社会的な話題について聞いたり読んだりしたことを基に，考えたことや感じたことなどを，その理由を加えて書けるように指導します。

2 「書くこと」の活動のポイント

　書くことについては，文字を使って表現するという点で4技能の中で最も難しい技能です。小学校では，文を書き写したり，モデル文を参考にして自分のことについて書いたりしていますが，書くことに十分に慣れて入学してくるとは限りません。したがって，教科書のパートなどまとまりのある文章を書き写させるなどして慣れさせていく必要があるでしょう。初めは音声で十分に練習したものを書かせるなどの配慮も必要でしょう。

　文部科学省が行った平成27年度「英語教育改善のための英語力調査（中学校）」報告書を見ると，他の技能よりも得点が低く，8人に1人が何も書いていないという状況でした。書くことの力を十分に身に付けさせられない原因として主に2つのことが考えられます。まず，教えた文法事項を使わせて，いつも単文ばかりで書かせているのではないでしょうか。次に，自由に書かせる機会が少ないのではないでしょうか。少なくても2文以上の文と文のつながりのあるパッセージを，これまで習った既習の文法事項や語彙を総合的に自分で考えて使い，書かせる活動をたくさん設定しなければ，書く力を伸ばすことはできません。

　書くことでは，伝言，メールや手紙，日記，レポート，ポスター，新聞，スピーチ原稿など様々な設定が可能で，そのタイプにより書き方が異なります。タイプや目的ごとにより書き方が異なるので，初めはそれぞれの型を示し，それに沿って書かせるとよいでしょう。また，完成までのプロセスを教えることも大切です。例えば，書く内容に関してメモをしたりマッピングをしたりなどのブレーンストーミングを行い，構成を考え，全体として一貫性のある文章を書くことができるように指導します。また，話すことと違って書くことの活動では何度も読み直して修正することができます。語句の使い方や綴り，語順，符号の使い方，動詞の形などだけを確認させるではなく，読み手にとって分かりやすいかが大事なポイントになります。

第2章

7

気付きを大切にした文法事項の指導

1 文法指導を行う際の留意点

文法指導にあたっては、次の事項に配慮することと示されています。

> (ア) 英語の特質を理解させるために、関連のある文法事項はまとめて整理するなど、効果的な指導ができるよう工夫すること。
> (イ) 文法はコミュニケーションを支えるものであることを踏まえ、コミュニケーションの目的を達成する上での必要性や有用性を実感させた上でその知識を活用させたり、繰り返し使用することで当該文法事項の規則性や構造などについて気付きを促したりするなど、言語活動と効果的に関連付けて指導すること。
> (ウ) 用語や用法の区別などの指導が中心とならないよう配慮し、実際に活用できるようにするとともに、語順や修飾関係などにおける日本語との違いに留意して指導すること。

(ア)については、個々の文法事項を理解させるだけでなく、関連のある文法事項をまとめて整理して理解させることを示しています。例えば、時制をまとめたり、関係代名詞を教えた後で分詞や前置詞句を用いた後置修飾や to 不定詞の形容詞用法とまとめたりして示すことが考えられます。(イ)については、文法をその伝える内容や目的、場面、状況等と関連させ、コミュニケーションを図る上での文法であることを意識した導入、指導、練習を行うことを示しています。また、形や意味などを一方的に教え込むのではなく、生徒

の気付きを大切にする指導を行います。(ウ)については、文法の知識を得ることを目標にするのではなく、実際にそれらを使って活用できることを目標にして指導します。そのためには、文法用語を多用して説明するのではなく、ターゲット文を含む英語を聞かせる、意味や形を気付かせる、言わせてみる、書かせてみる、自分で考えて使わせてみるなどのプロセスを大切にした指導を行います。また、英語と日本語の言語的類似点や相違点に目を向けさせる指導を行うことが示されています。例えば、a small animal であれば「小さな動物」と英語と日本語の語順は一緒ですが、an animal which has long ears であれば「長い耳をした動物」と語順が異なります。こうしたことについても教師が説明するのではなく、生徒に気付かせる指導を行いたいものです。

2 文法事項を指導する際のポイント

新出文法事項を導入する際、「では、今日は受動態を教えます。黒板を見てください」のように一方的に日本語で説明を始めるのではなく、英語を使い、生徒の気付きを大切にした指導方法が求められています。この代表的な方法がオーラル・イントロダクション（オーラル・インタラクション）です。ターゲットとなる英文と既習の英文と対比させて聞かせたり、文脈の中で英文を扱ったりすることで、形や意味などを推測・理解させます。中学校の英語教師として、オーラル・イントロダクションを使った導入はできるようにしておきたいものです。

また、文法事項は実際に使わせながら、つまり言語活動を通して定着させます。産出活動ではどうしても誤りが生じます。その際、自分の書いた英文とモデルとなる英文を読み比べることで自分の誤りに気付かせたり、生徒同士で英文を読み合せて気付いたことを指摘し合わせたり、教師が正しい英語で言い直して気付かせるなど、様々な方法を通して誤りを自分で修正していけるように指導方法を工夫しましょう。

授業を英語で行う工夫

1 授業は英語で行うとは

　第1章の10で触れたように,次のことが新学習指導要領で明記されています。

> エ　生徒が英語に触れる機会を充実するとともに,授業を実際のコミュニケーションの場面とするため,授業は英語で行うことを基本とする。その際,生徒の理解の程度に応じた英語を用いるようにすること。

　平成21(2009)年の高等学校学習指導要領で「授業は英語で行うことを基本とする」という規定が導入されましたが,それが今回の学習指導要領改訂で中学校にも示されました。

　日本では,授業の中でしか英語に触れる機会がない場合もあります。したがって,授業ではできるだけ多くの英語に触れさせたいものです。しかし,「授業は英語で行う」とは,教師が単に英語を使って授業を行うという意味ではありません。例えば,日本語で行っていた文法説明を,そのまま英語に訳して説明したら,多くの生徒は理解できなくなってしまいます。また,教師が英語を使うこと以上に,生徒に英語を使わせる機会を設けるということが大事なのです。様々な種類の言語活動を随所に配置した授業にしていかなればならないということです。生徒がコミュニケーションのために英語を使う授業では,教師も自然と英語を用いることになります。授業を英語だらけのコミュニケーションの場にするための授業構成や指導方法を考えなければ

ならないのです。

なお，50分間の授業をすべて英語で行わなければならないということではありません。必要に応じて母語である日本語を活用しましょう。

2 英語を使う際のポイント

授業で英語を使う場面はたくさんあります。例えば次の場面です。
- 授業開始時や終了時に挨拶を行う。（例）Good morning.
- 授業開始時に生徒と簡単な会話を行う。（例）I watched a soccer game on TV last night. So I'm a little bit sleepy. Who watched the game?
- 生徒への指示を出す。（例）Open your textbook to page 25.
- 言語活動の手順を説明する。（例）First, please make a group of four.
- 本文についての質問を行う。（例）What did Ken do after dinner?
- 生徒の発話のモデルを示す。（例）I think Ken said so because 〜.
- 生徒の誤りを修正する。（例）He WAS sad.（誤りの部分を強調）
- 文法事項や本文の口頭導入を行う。（例）第3章を参照
- 次の授業の指示を行う。（例）You'll have a speech next time.

教室で英語を話す際は，日常生活のものと異なり，生徒の英語力に応じて語彙や表現を限定し，話し方を明瞭にし，スピーチのように語りかける英語を心がけてください。話すスピードは，よく用いている指示など慣れている表現については自然なスピードで，言語活動の説明や口頭導入などの際はゆっくりとしたスピードで話します。

生徒が理解しているかどうかは生徒の顔の表情を見るとよいでしょう。そのためには，教師は生徒の目を見ながら話さなければなりません。生徒が常に教師の目を見ながら話を聞く習慣を身に付けさせましょう。「分からない生徒がいるかも」と常に英語を話した後に日本語で言い換えることは避けたいものです。英語を聞かずに日本語を頼りにしてしまう習慣が身に付いてしまいます。

語彙の指導

1 中学校で学習する語彙

　第１章の「３　資質・能力「知識及び技能」」で触れたように、３年間で学習する語彙数は、「小学校で学習した語に1600〜1800語程度の新語を加えた語」となりました。小学校で600〜700語程度の語を学習するので、中学校では2,200〜2,500語を扱うことになります。中学校卒業時における CERR の到達目標が A1上位から A2下位程度となっているので、これを達成するためには少なくても2,000語以上の語彙力が必要となります。

　改訂前は「1200語程度の語」となっているので、約２倍の語彙を扱わなければなりません。しかし、改訂前の教科書を使った指導でも、実質1,500語程度は扱っていると思われます。教科書に載っていなくても、食べ物やスポーツなど身近な語やカタカナ語は使っているはずです。例えば、全ての検定教科書で共通に使われている語句でテストを作成する場合、スポーツは tennis, baseball, basketball しか使用できません。一般的なスポーツである badminton, volleyball, table tennis などは共通に使われていないので使用不可となります。しかし、実際には授業で補って教えているはずです。

　語彙には、聞いたり読んだりすることを通して意味を理解できるように指導すべき受容語彙と、話したり書いたりして表現できるように指導すべき発信語彙があります。したがって、全ての語を言えたり書けたりするレベルにまで指導する必要はないということです。受容語彙と発信語彙の区別は生徒によって異なる場合があります。例えば、自分の好きなことを書いて友達に読ませる際、ラクロスを行っている生徒が lacrosse と書ける必要はあるか

もしれませんが、他の生徒は読んで意味が分かればよいレベルの語となるでしょう。受容語彙は社会的な題材を扱う際、その題材特有の語彙として扱われることが多くなります。例えば、地球温暖化であれば、greenhouse effect や carbon dioxide などの語彙は読んで理解できる程度に指導すればよいことになります。

2 語彙を指導する際のポイント

1で述べた通り、教科書に載っている語句には受容語彙と発信語彙の2種類があるので、2,000語を超す全ての語句を一律に扱うと生徒に大きな負担をかけることになります。受容語彙については教師の後について復唱させるだけにする、発信語彙については正しい発音で言えるようにさせたり小テストなどで正しく書けるようになっているか確認したりするなど、語により区別する必要があります。

次に、語句の導入について考えてみましょう。生徒が本文を読む前に、本文から語句を取り出して、その意味を調べさせたり言わせたりする指導がよく行われていますが、決してよい方法とは言えません。単語や語句は文や文脈の中で具体的な意味を生じます。したがって、導入する際も文やパッセージの中で示すようにします。生徒にとって新出となる語句の導入は、オーラル・イントロダクションで示したり、教科書を黙読させた後に辞書で調べさせたりするとよいでしょう。

1つの単語について指導する項目は結構あります。品詞、発音やアクセント、意味（訳語）、綴り、同じような意味をもつ他の語との違い（by と until の違いなど）、他の語との組み合わせ（コロケーション）の例、その語が含まれるイディオム、関連する語（同義語、対義語、類義語など）、語形変化、その語を含む例文などが挙げられます。しかし、これら全てを指導する必要はありません。生徒の学習段階や必要に応じて説明したり調べさせたりするのがよいでしょう。

10 ペア・ワークやグループ・ワークによる学習形態の工夫

1 ペア・ワークやグループ・ワークの有用性

　ペア・ワークやグループ・ワークについて，新学習指導要領の「指導計画の作成と内容の取扱い」には，次のように示されています。

> カ　身近な事柄について，友達に質問をしたり質問に答えたりする力を育成するため，ペア・ワーク，グループ・ワークなどの学習形態について適宜工夫すること。その際，他者とのコミュニケーションを行うことに課題がある生徒については，個々の生徒の特性に応じて指導内容や指導方法を工夫すること。

　授業では複数の学習形態が考えられます。教師が全体に指導する，ペアやグループになり生徒同士で活動を行う，個人で学習を進めるなどです。活動の目的や内容などにより，これらを組み合わせた授業を行います。
　「主体的，対話的で深い学び」を実現するためには，ペア・ワークやグループ・ワークが欠かせません。生徒同士が互いに自分の意見，感想，経験，調べてきたことなどを述べ合わせることで，教師以外の他者から学ばせることができます。他者の意見と自分の意見を比較することで，新たな発見があったり，より深い理解が生まれたりします。さらに，生徒に発言させることにより英語の授業が生き生きとしてきます。
　ただし，生徒同士で活動することが苦手な生徒がいる場合，ペアやグループの組み方に配慮する必要があります。例えば，面倒を見てくれる生徒や教

師とペアを組むなどの方法が考えられます。個々の生徒の特性に合わせて指導方法を工夫しましょう。

2 ペア・ワークやグループ・ワークを行う際のポイント

　ペア・ワークでは隣同士で行わせることが多いと思います。学級の座席でうまく機能しない場合には，英語の授業専用の座席配置を決めておくことも考えられます。また，毎回の授業で座席を替えてもよいでしょう。ペア・ワークを多用する授業では，授業ごとに違うパートナーと組ませることにより，新鮮な気持ちで授業に臨ませることができます。また，多くの人から学ばせることができます。この方法の場合，休み時間のうちに出席番号などで座席配置した表を生徒に示すと，時間をかけずに移動させることができます。
　次に，ペア・ワークやグループ・ワークの活用例を2つ示します。

教師からの質問に答える活動
　教師が生徒に質問する機会は多いと思います。このとき，1人の生徒をすぐに指名して答えさせるのでなく，生徒同士で答えを述べ合わせてから生徒を指名して答えさせます。これにより全生徒に発話させることができ，また，生徒同士で答えを確認できるので，答える際に自信をもって発話することができます。さらに，ペア・ワークの様子をしっかり観察することで，どの程度理解しているか，どのような誤りがあるかを把握することができます。意見を述べさせる課題では，4人程度のグループ内で順番に発話させると言い方や表現などの学び合いをさせることができます。

生徒が質問を行う活動
　授業の最初に教師が話題を与え，生徒同士でチャットを行わせる活動は多く行われてきています。会話を続けるためには質問を行うことが大切です。質問を行う力を育てるためには，普段から生徒に質問をさせる活動を行わせなければなりません。例えば，教科書本文の内容について，ペアやグループで質問をさせ合うなどの活動が効果的です。

第2章

11

視聴覚教材や教育機器の活用

1 視聴覚教材や教育機器の長所

　視聴覚教材や教育機器について，新学習指導要領の「指導計画の作成と内容の取扱い」には，次のように示されています。

> キ　生徒が身に付けるべき資質・能力や生徒の実態，教材の内容などに応じて，視聴覚教材やコンピュータ，情報通信ネットワーク，教育機器などを有効活用し，生徒の興味・関心をより高め，指導の効率化や言語活動の更なる充実を図るようにすること。

　音声を扱う外国語科の授業を行うために，視聴覚教材は欠かせないものとなっています。教科書本文やリスニング教材などの音声を聞かせたり，写真やイラストを見せながらオーラル・イントロダクションを行ったりなどは何十年も行われてきています。そして技術の進歩と共に授業でできることが増えてきています。特にこの20年間でコンピュータや情報通信ネットワークが急速に発達し，様々な教材や資料を得たり作成したりすることが可能になりました。教科書の題材に関連する動画を見せたいときにも，ネット上で検索すれば簡単に見つけることができます。海外の生徒と通信交流を行うなど，実際のコミュニケーションの場を設定できる環境も整ってきました。個々の生徒にコンピュータを使わせて様々な活動を行えるようにもなりました。電子黒板やプロジェクターを使った授業も普通に見かけるようになりました。今回の学習指導要領で話すことが２つの領域になったため，今後話すことの

活動が増えることが予想されます。話すことは，発話内容や発音などを自己点検させることが困難な技能ですが，コンピュータやICレコーダーなどで録音すれば可能です。このように例を挙げるとキリがありません。

教材を他の教師と共有することも容易になりました。新たに教材を作成するには手間と時間が必要です。校内だけでなく，他校の英語科教師とも教材や指導案を共有できるネットワークを作っておくと，時間を節約でき，また，アイデアを増やせることで授業力が向上します。

2 教育機器を使用するにあたっての留意点

教育機器が整っていれば，工夫次第でいくらでも新しいことにチャレンジできます。新しいことを始めるには時間と労力が必要ですが，生徒の英語の授業への関心・意欲を高めるためにも，生徒の英語力向上のためにも教育機器を大いに活用したいものです。

しかし，安易に教育機器に頼り過ぎないようにしたいものです。教育機器が生徒の理解を助けるとは限らないからです。教科書本文のオーラル・イントロダクションを例に挙げて考えてみましょう。最近，写真，イラスト，英文などをスクリーン上で提示しながら導入する授業を多く見かけます。長所としては，資料を提示したり英文を書いたりする時間が節約できること，いくつもの資料をどんどん見せられることなど，多数あります。しかし，スクリーン上で次から次へと見せたものは，生徒が記憶に残せなかったり，頭の中で上手に整理できなかったりすることがあります。黒板に貼ったり書いたりしたものは，授業時間中ずっと生徒の目に触れさせることができます。また，一覧できることで関連付けて覚えやすいという長所もあります。また，教師が板書している時間が生徒にとって頭の中で理解したり整理したりする時間になっていることもあります。生徒の身になって考え，スクリーン上で見せるもの，黒板に貼って残すものの役割分担を行い，効果的な機器の使用を心がけたいものです。

第 2 章

12

新しいタイプの高校入試問題に対応する指導

1　予想される今後の入試問題の特徴

　「大学入試センター試験」に替わる「大学入学共通テスト（新テスト）」では，国語や数学などに記述式問題が導入されようとしています。また，英語では民間の資格・検定試験を活用して話すことと書くことの技能を CEFR に対応した段階的評価に表し，入学者を 4 技能で評価しようとしています。当然ながら，こうした動きは高校入試にも及んでいます。2017年12月，東京都教育委員会では話すことの試験を導入することを公表しました。学習指導要領に合わせて入試問題を作成する動きは益々活発化すると思われます。

　大阪府では，実践的に使える英語教育のへの転換に向けての施策の 1 つとして，平成29（2017）年度入試より難易度が最も高い学力検査問題（C 問題）が大きく変わりました。主な特徴として次のことが挙げられます。

・聞くことの問題を全体の33％の配分にしている。
・書くことの問題を全体の20％の配分にしている。
・読んだり，聞いたりして得た情報をもとに，自分の考えを英語でまとめる書くことの問題を出題している。
・従来の問題では35wpm であった総語数を，96wpm 程度に増やし，より長い文法を素早く読んで理解する力を測っている。
・指示文も含め，問題はすべて英語で構成されている。

　従来の入試問題では，読むことの技能を問う問題が半分以上で，これに聞くことの問題や和文英訳などの書くことの問題が加わっている印象でした。これからの入試問題では，聞いたり読んだりしたことに対して自分の意見や

考えなどを書く領域統合型の問題が増えることが予想されます。また，総語数が増え，情報量の多い文章を素早く読む力が必要になると思われます。

2 入試指導のポイント

「授業は授業，入試は入試」とそれぞれをまったく別のものとして指導しているのなら，それは誤りです。公立高校の入試問題に関する限り，学習指導要領に示されている言語活動を多用した授業を行っていれば，入試問題に対応する力をある程度身に付けられるはずです。また，入試問題もそのように作られていなければならないはずです。しかし，多くの場合，教科書の本課を終える12月または1月頃より，「受験指導」と称して読解問題を行わせたり，聞くことや書くことの問題に対処するための指導を行ったりしています。県の公立入試問題の特徴を捉えて指導することは当然のことだと思いますが，それまでに読むこと，聞くこと，書くことの力が十分に育てられなかったとすれば，それは普段の授業を改善しなければなりません。

入試問題には，400語以上のまとまりのある文章が出題されている県がいくつもあります。この語数の文章を一気に読み切り，理解する力を身に付けさせなければなりません。教科書の1つのパートは70語前後で作られているので，パートだけ読ませていたのではこの力は育てられません。話が続いている複数のパートを一緒に読ませる，読み物教材を利用するなど，まとまりのある文章を一気に読ませる機会を取り入れるとよいでしょう。

さらに，これからは読んだり聞いたりしたことに対し，自分の考えを適切に書く力も身に付けさせなければなりません。聞くことの分量も多くなることが予想されます。聞く力は中学1年生より長い期間をかけて慣らさせていく必要があります。英語を聞く量を増やし，まとまりのある情報量でも途中でくじけず聞き続けさせる指導を段階的にしていきたいものです。

こうした授業改善をした上で，定期考査にも入試問題で見られるような問題を取り入れることが大切です。

領域統合型の言語活動の指導

1 領域統合型の言語活動に関わる目標や事項

新学習指導要領において、領域統合型の言語活動に関わる目標が、話すこと［やり取り］、話すこと［発表］、書くことに次のように設定されています。

> ウ　社会的な話題に関して聞いたり読んだりしたことについて、考えたことや感じたこと、その理由などを、簡単な語句や文を用いて述べ合うことができるようにする。

また、〔思考力、判断力、表現力等〕の「情報を処理しながら考えなどを形成し、英語で表現したり、伝え合ったりすることに関する事項」には、次の2つの事項が設定されています。

> イ　日常的な話題や社会的な話題について、英語を聞いたり読んだりして得られた情報や表現を、選択したり抽出したりするなどして活用し、話したり書いたりして事実や自分の考え、気持ちなどを表現すること。
> ウ　日常的な話題や社会的な話題について、伝える内容を整理し、英語で話したり書いたりして互いに事実や自分の考え、気持ちなどを伝え合うこと。

これまでも「聞いたり読んだりしたことについて、問答したり意見を述べ合ったりなどすること」の言語活動が学習指導要領に示されていましたが、

今後はより多くの領域統合型の言語活動を取り入れなければなりません。

2 領域統合型の言語活動の設定と指導

　領域統合型の言語活動の基本は、聞いたり読んだりしたことについて、情報を整理した上で、事実や自分の考えや意見を表現するということです。どのような活動が考えられるか例を挙げてみます。
　・スピーチの発表の後で感想を生徒同士で述べ合う。
　　　　　　　　　　　　　【話すこと［発表］→話すこと［やり取り］】
　・プレゼンテーションの後で、分かったことや感想を書く。
　　　　　　　　　　　　　　　　　　　【話すこと［発表］→書くこと】
　・ディスカッションで話し合ったことについて、自分の感想や意見を書く。
　　　　　　　　　　　　　　　　　【話すこと［やり取り］→書くこと】
　・友達の夏休みの日記を読み、事実と感想を他の人に伝える。
　　　　　　　　　　　　　　　　　　　【読むこと→話すこと［発表］】
　・教科書で読んだことについて、自分の意見や感想を書く。
　　　　　　　　　　　　　　　　　　　　　　　【読むこと→書くこと】
　これらの言語活動を成り立たせるためには、聞いたり読んだりしたことの中から、情報を取り出す際の表現方法や感想や意見の述べ方を指導する必要があります。中学１年生であっても、夏休みに行ったことを述べる友達のスピーチの後で、Miki practiced swimming every day. And she won the third place in the race. I am happy, too. のように、事実と感想を言えるはずです。
　領域統合型の言語活動が一番取り入れやすいのは教科書本文を用いたときでしょう。本文は普段の授業で必ず扱うからです。本文を用いた領域統合型の言語活動については、第３章の４及び５で詳しく述べます。

第3章

新学習指導要領を踏まえた授業づくりと評価のポイント

新学習指導要領に適した授業デザイン

1 新学習指導要領に適した授業デザイン

　第1章及び第2章で述べた新学習指導要領に沿った授業を行うためには単元，パート，1時間の授業の構成を工夫する必要があります。外国語科の目標は「簡単な情報や考えなどを理解したり表現したり伝え合ったりするコミュニケーションを図る資質・能力を育成する」ですが，まず，この目標を達成するのに相応しくない授業の構成例を示します。

1．挨拶
2．新出文法事項の説明（板書しながら日本語で説明し，その後，板書をノートに写させる。）
3．プリントを配布し，ドリル問題を行わせ，答え合わせを行う。
4．宿題としていた本文の日本語訳の確認（生徒を1人ずつ指名し，日本語訳を言わせてから，教師が模範となる訳を伝え，それを生徒に書かせたり訳を直させたりする。）
5．本文中の文法事項や語句の解説（ノートの左側に書かせた英文に教師が解説したことを書かせる。）
6．音読（残り時間に合わせて行う。）
7．挨拶，宿題の指示（次のパートの英文をノートの左側に写して右側に日本語訳を書く，新出単語を10回ずつ書く。）

　このような授業を繰り返していては，新学習指導要領が求める資質・能力

を育成することはできません。なぜなら5領域の言語活動がまったく設定されていないからです。日本では長年，教師が生徒に一方的に教え込む授業（生徒に活躍の場を与えない授業），文法や語彙などの知識の習得を主目的に置いている授業（4技能の活動がない授業），日本語で教える授業（英語に触れる機会が少ない授業）が行われてきました。少しずつ改善されてきてはいますが，まだ大きく踏み出せないでいる授業をよく拝見します。今回の学習指導要領をきっかけにして，コミュニケーションを重視した授業へと大きく舵を切りたいものです。

2 新学習指導要領に適した授業を構成する

　新学習指導要領に適した授業とは，これまでとまったく異なる授業を行うということではありません。何十年も前から日本の英語教育で行われてきた指導法の中にも，コミュニケーション能力を育てるために有効なものはいくつもあります。現在行っている指導が新学習指導要領に沿ったものであるなら大きく変える必要はありません。また，2021年度から使用する文部科学省検定教科書は新学習指導要領の下で作成されます。したがって，教科書に沿って教えることで，新学習指導要領が求める資質・技能をある程度は育てられるはずです。しかし，新しい教科書を使用しても，教科書に載っている言語活動を行わなかったり，1で示したような授業を行ったりすれば，生徒の力をバランスよく育てられないのは言うまでもありません。

　冒頭で述べたとおり，新学習指導要領に沿った授業を行うためには，単元，パート，1時間の授業の構成を工夫する必要があります。授業構成や活動の手順が適切であれば，生徒の力を効果的に伸ばすことができます。年度初めに年間指導評価計画を作成する際，各単元に充てる授業時数を計画していると思います。授業時数は限られています。限られた条件の中で最良の授業構成にしたいものです。

　まず，単元の授業構成について考えてみましょう。指導計画を立てる際，

単元を通して生徒にどのような力を身に付けさせられるのか，そのためにどのような言語活動を設定すればよいのかという視点をもって授業を組み立てます。単元の最後に行う言語活動を設定し，そこから逆算して各パートで指導することを考えてもよいでしょう。

　中学校の教科書は，1つの単元の中に3～4のパートが置かれており，パートごとに場面やテキストタイプが異なっています。例えば，パート1は対話文で学校での会話，パート2はスピーチ文で授業の場面，パート3はメール文で自宅の場面のようにです。さらに，パートの中に新出文法事項が1つ以上配置されています。したがって，中学校ではパートを教える際の授業構成がとても重要になります。多くの教師が1つのパートを2回の授業で扱い，1日目を新出文法事項の導入と練習，2日目を本文の導入と音読に充てています。一見よさそうな構成ですが，大きな欠点があります。

　まず，本文を1時間しか扱わないことで，本文に関連した言語活動を十分に行うことができません。例えば，本文の内容について深く考えさせたり，考えたことや感じたことを述べさせたりする時間が取れません。また，本文に載っている表現などを定着させるには1時間の授業では困難です。1つのパートを3時間で扱えば解決しますが，1年間の総授業数から計算すると3時間は配当できません。教科書を終えられなくなってしまうからです。

　次に，文法の指導についてです。文法指導を1時間で集中的に行うのではなく，使わせながら定着させていくという発想が求められています。まったく初出の文法事項を文脈のある中で読んだり聞いたりする経験のないまま，文の形だけに焦点を置いた練習を集中的に行うことで効果が上がるのでしょうか。本文の中にも新出文法事項が使われています。どのように新出文法事項が使われているのか，本文を通して早めに触れさせるほうが，文法事項の機能などの理解につながると思うのです。

　筆者もかつて，1時間目に文法を導入してからゲームを取り入れた練習を行い，2時間目に本文の導入と音読練習を行っていた時期がありました。その後，1時間目は文法と本文の導入，2時間目は本文に関連させた言語活動

を行うように変えてから，生徒の学力が伸びました。おそらく，本文を2回以上指導することで，文脈の中で文法事項や語彙を身に付け，記憶から消えにくくなったのだと推察できます。さらに，本文と関連させて話すことや書くことの言語活動を行うことで，本文に書かれている表現を基にしながら既習の言語材料を自分で考えて使うようになったことがよい効果を生んだのだと思います。

では，筆者のパートの授業構成を紹介します。なお，おおよその所要時間を【　】内に記します。1時間目の授業の流れです。

1時間目
A　コミュニケーション・タイム（帯活動）
　❶挨拶【1分】
　❷コミュニケーション活動【10分】
B　新言語材料の導入及び音読
　❶新出文法事項の口頭導入【5分】
　❷新出文法事項の確認・口頭練習【5分】
　❸教科書本文の口頭導入【5分】
　❹内容理解，説明【10分】
　❺新出語句の発音（フラッシュカード）【2分】
　❻音読練習【10分】
C　本時のまとめ【2分】

Aでは，挨拶の後に帯活動を10分間程度で設定し，継続して行うことで技能を高めることのできる言語活動を行います。例えば，生徒同士で行うQ＆A，スピーチ，チャットなどです。既習の語彙や文法事項の知識を総動員させてコミュニケーション活動を行わせる時間と位置付けているので，「コミュニケーション・タイム」と名付けています。

Bでは教科書の指導を行います。新出文法事項や本文の内容にもよります

が，通常は新出文法事項を先に扱います。新出文法事項を初めに扱うことで，後で扱う本文が理解しやすいようにするためです。新出文法事項の導入はオーラル・イントロダクションを用います。教師の話す英語を聞かせ，ターゲット文の意味や文の形の特徴を耳から理解（推測）させます。オーラル・イントロダクションである程度理解できたら，ターゲット文を板書しながら，その形や意味を確認します。続いて，ターゲット文を復唱させ，パタン・プラクティスなどの技法を使って，ターゲットとなる英文の口慣らしを行います。新出文法事項の指導や練習は，ここで終わりにします。

次に，教科書本文のオーラル・イントロダクションに移ります。教科書を閉本させたまま，教師が本文内容や新出語句を聞かせて理解させます。本文に書かれている内容を全て伝えたり，黙読で読み取らせる部分を残したり，読む前の動機付けのみ行ったりなど，学習段階に応じて変えてもよいでしょう。ちなみに，教科書本文を常にオーラル・イントロダクションを用いて理解させる必要はありません。テキストタイプによってはいきなり黙読させても構いません。むしろ，上級学年で説明文や物語文などを扱う際は，生徒自身で読んで理解する活動を多用したいものです。

教科書を開本させ，本文を黙読などで確認させた後，内容について英語で質問したり，日本語で補足説明を行ったりしながら理解を深めます。本文が理解できたら，音読指導に移ります。フラッシュ・カードを用いて語句の発音練習を行ってから，本文に書かれてある英文を正しく音声化できるように音読指導を行います。

Cでは，新出文法事項について生徒同士で説明し合わせるなどの確認を行い，家庭学習の課題を確認して，授業を終えます。

家庭で行う課題（宿題）について説明します。1時間目のBの❻で音読指導を行ったことで，自力で本文を音読できるようになっているはずです。そこで，音読練習を家庭でも行わせます。また，Bの❷で口頭練習を行った文法事項を復習させ，書くレベルまで高めるためにワークシートやワークブックを用いた練習を行わせます。練習問題を解き，解答を見て答え合わせをす

るなどの生徒1人でできる練習は,授業中ではなく,家庭学習で行わせるようにしています。授業では,他の生徒や教師とのやり取りが可能です。また,教師が指導やアドバイスを与えることができます。こうした他の生徒や教師がいることで成り立つ言語活動や指導に授業時間を割くようにしています。家庭学習のやり方についてはp.87をご覧ください。

2時間目の授業の流れを示します。

2時間目

A　コミュニケーション・タイム(帯活動)
B　前時の復習
　❶前時の文法事項の確認及び復習(必要に応じて)
　❷本文の確認・補足説明
　❸音読練習
　❹本文に関連させた言語活動
C　本時のまとめ

Aについては1時間目と同じです。Bでは,必要に応じて前時で導入した新出文法事項について確認します。文の形やどのようなときに使われるのかを生徒同士で説明し合わせたり,英文を言わせたりします。しかし,❷で文法事項の確認もできるので,多くの場合,❶を行わずにすぐに本文の復習に移っています。❷については,閉本したままで本文の音声を聞かせ,本文に関する質問を英語で1つか2つ行います。その後,開本させて,特に内容や言語材料に関して確認したいことや補足説明を行います。

音読練習の後には本文と関連させた言語活動を設定します。これが新学習指導要領で求められる資質・能力を身に付けさせるために最も大切な言語活動となります。1年生は対話文が多いのでスキットを行わせることが多く,2年生以降はスキット,リテリング,スピーチなどを行わせます。いずれも自分で考えた英文を加えさせます。具体例は本章の2以降で示します。

第3章 2

単元の授業設計とパートの授業設計

1 単元の授業設計を行う

　平成28（2016）年版の教科書を用いて，本章の1で述べたことを具体的に説明します。

「**Lesson 8 Water Problems**」
『ONE WORLD English Course 2』（教育出版）平成28年度版

Part 1（p.92）
　英語の授業で，世界の水問題について話し合うことになりました。

Ms. King：Water is very important in our lives. It's used in many ways. For example, our food is cooked with water, and our clothes are washed in it. But many people around the world don't have clean water. How can we solve this problem?

Part 2（p.94）
　メイがボブに，シンガポールの水問題について話しています。

Mei：We don't have enough water resources in Singapore.
Bob：Really? So doesn't it rain in your country?
Mei：Yes, it does, but not enough. We have to import water.
Bob：Where's water imported from?
Mei：Malaysia. And these days, we're starting to turn waste

water into clean water.
Bob: Oh, you're recycling water!

Part3 (pp.96〜97)
アヤが，バングラデシュの水問題について発表します。
Aya: I'm going to talk about water problems in Bangladesh. People often get sick because the rivers and groundwater are polluted. The rainwater is very clean, but the people didn't have a system to make use of it. Now they collect rainwater in special tanks. The water in the tank is used during the dry season. This system of collecting water was introduced by a Japanese scientist, Murase Makoto. Life in Bangladesh is improving because of this system.

Part4 (pp.98〜99)
ボブが，アフリカの水問題について発表します。
Bob: I studied water situations in Africa. In many areas, people can't get clean water. Girls and women walk for hours to get water from rivers or wells. This means that many girls cannot attend school, while boys are learning. The situation is very different from Japan, isn't it? Now, many groups from developed countries are digging new wells. For example, Japanese groups are digging them in Zambia, Uganda, and Senegal. And the wells are maintained by local people there.

単元の教材研究をした際に考えたことを含め，単元について説明します。題材は社会的な話題である水問題についてです。日本は水に恵まれている

ので，生徒の多くはそのありがたさを感じていないと思われます。そこで，普段何気なく使っている水の大切さを認識させる必要があります。その後，本文を通して世界の状況に目を向けさせ，水問題についてしっかりと考えさせたい。できれば，単元の学習の最後に水問題について調べさせ，調べたことやその感想を発表させたいと思いました。

　本単元は4つのパートで構成されています。Part 1がキング先生のスピーチ文（授業），Part 2がメイとボブの対話文，Part 3がアヤのスピーチ文，Part 4がボブのスピーチ文です。いずれも学校の授業という場面設定です。

　新出文法事項は最初の3つのパートは受け身の文で，Part 4は付加疑問文となっています。なお，動詞の過去分詞は初出となります。

　単元の最後の言語活動として，本文を読んでの感想をグループ内で口頭発表させてから，感想文を書かせることがよいのではと考えました。最初は水問題を調べさせて個々の生徒にプレゼンテーションをさせようと思いましたが，生徒にとって大変な活動になってしまうので避けました。口頭発表させてから書かせる手順を選んだ理由は，他の人の意見や表現方法を参考にして書けるからです。そのためにはPart 3やPart 4のスピーチ文の後で，簡単に感想を述べる活動を行わせ，感想を述べる際に必要な表現を指導することが必要だと考えました。

　本単元の指導目標と指導計画は以下のとおりです。

本単元の指導目標
　・水問題について考え，自分の意見や感想を述べる。
　・受け身の文を理解し，使えるようにする。
　・ものや人について簡単に説明する。
　・プレゼンテーションの形式を理解する。

本単元の指導計画
　第1時　受け身の肯定文の導入，Part 1（本文）の導入及び音読
　第2時　Part 1の復習，本文を使ったなりきりスピーチ

第3時　受け身の疑問文の導入，Part 2（本文）の導入及び音読
第4時　Part 2の復習，本文のスキット
第5時　受け身の様々な形の文の導入，Part 3（本文）の導入及び音読
第6時　Part 3の復習，ストーリー・リテリング
第7時　付加疑問文の導入，Part 4（本文）の導入及び音読
第8時　Part 4の復習，本文の感想を述べる活動
第9時　スピーチ及び書くことの活動（感想）
第10時　単元末の問題と単元テスト

2 パートの授業設計

　Part 1を例に挙げて，パートの授業の組み立て方を説明します。最初に，本単元の指導計画の第1時と第2時の授業を行うにあたり，考えたことを紹介します。

<u>テキストの内容について</u>

　（囲みの語句は新出語句，下線は新出文法事項，右側は指導場面を想定しながら考えたこと。）

Water is very important in our lives. It's used in many ways.	・水問題なので，世界で起こっている様々な問題を取り上げてから水問題に移る。 ・導入では水の使われ方の例を生徒に挙げさせる。本文の説明をする際，本文中の初めての受け身の文であるので丁寧に扱う。It's の確認を行い，be 動詞が使われていることに注目させる。used が過去形ではなく，過去分詞であることを確認する。
For example, our food is cooked with water, and	・with（手段）の意味を確認する必要あり。 ・it を確認してから，washed in it のイメー

> our clothes are washed in it.
> But many people around the world don't have clean water. How can we solve this problem?

ジを描かせる必要あり。

・solve の意味を推測させてから辞書を引かせる？

新出語句について

　water…音を聞けば理解できる。

　lives…life は既習であるが，lives を動詞と思う生徒もいるので注意する。板書して確認する。

　problem…口頭導入で用いる。意味は日本語で与える。

　around the world…音を聞けば理解できる。

　clean…音を聞けば理解できる生徒が多いだろう。

　solve…日本語で確認する必要あり。文脈から意味を推測させたい。その後で辞書を引かせる。

口頭導入について

　新出文法事項を導入してから本文の導入を行う。

　話題は受け身の文が自然に使われるものを選び，本文につなげられるようにしたい。

　→定番ではあるが，「主要な言語が話されている国」で導入しよう。世界地図を見せることになるので，世界に目を向けさせる本単元の題材に少しはつながる。

新出文法事項を使わせる活動について

　Explanation Game（単語が書かれているカードを引き，単語について即興で説明し，相手に言い当てさせる活動）や他の活動で受け身の文を使わせることができるので，長い期間で定着させていきたい。受け身の文に慣れさせるために，教科書にある Activity（文法と関連させた練習や活動）を使って

もよいだろう。

<u>復習時における本文を使わせる活動について</u>

　スピーチ文であるので，暗唱させた上で１文を加えさせよう。例示のところや最後の文の後に１文は加えられそう。
　→やや難しい活動であるので，第１時に予告をしておこう。生徒が加えられる英文は？
　　・We use water very often.
　　・We can't live if we don't have water.
　　・We use water when we clean our classroom.
　　・We are lucky because we have clean water.
　　・Many people become sick.

教材研究を行うにあたって

　本文の教材研究では，本文を十分に読み込み，題材やどんな内容が書かれているのかを把握した上で，個々の文の意味，語句，文法事項などを確認します。また，語法や文法事項，単語の発音やアクセントを確認する必要もあります。さらに，教科書のイラストや図を見て，その使い方や本文との関係を把握しておくことも大切です。

　私が教材研究を行う際，これらに加えて重要だと考えていることがあります。それは，本文に関連させて言語活動のアイデアを考えることです。思考力・判断力・表現力等を育てるための言語活動を考えることはとても大切な準備となります。

　教材研究では実際の授業を頭の中で描きながら，様々なアイデア出しを行います。実際の授業ではこれらのアイデアの中から，時間などの条件を考えながら取捨選択し，授業を組み立てます。

第3章

3 授業デザインの具体例①
1時間目

　本章1の1時間目の授業の流れに沿って，具体的にどのような指導を行ったのかを教師と生徒の発話を再現することで紹介します。囲みに解説を載せます。

1　A　コミュニケーション・タイム

挨拶（❶）

　　T　Let's begin our class. Look at my eyes. Hello, everyone.
　　Ss　Hello, Mr. Honda. How are you?
　　T　I'm great, thank you. How are you?
　　Ss　I'm fine, thank you.
　　T　Say hello to your partner.
　　Ss　（挨拶を交わす。）

> 　教師と目を合わせながら挨拶をするように継続的に指導しています。隣の人とのペア・ワークを多用するので，挨拶を行う際，隣の人とも挨拶を行わせています。ちなみに，座席は多くの生徒と学び合えるようにするため毎回替えています。

コミュニケーション活動　チャット（❷）

　　T　Now let's have a chat. Start your chat with the question "Which do you like better, summer or winter?" Tell your partner why you like that season and what you usually do or eat in that season. This is

the second time, so 前回のチャットで相手が言ったよい表現があったら真似しよう。Now let's begin.
Ss　（70秒間チャットを継続する。）
T　Stop talking. Now take out your work sheet. Write today's date and your partner's name. And write about what your partner said.

> 　生徒同士で "Which do you like better, summer or winter?" で話題を切り出し，70秒間のチャットを行わせました。同じ話題で2回目のチャットとなるので，前回のチャットで話し相手の発話から学んだことを生かすように指示しました。この指示は英語では理解できない生徒がいると思い，日本語に切り替えました。チャットの後で，3文程度のレポート文を書かせます。

2 B　新言語材料の導入及び音読

新出文法事項の口頭導入（❶）

（下線部は受け身の文）

T　There are many languages in the world. How many languages are there in the world? Do you know that? I'll give you two choices, more than 100 languages or less than 100 languages.（more than と less than のところでジェスチャーを交えながら）Please raise your hand. There are more than 100 languages in the world.
Ss　（挙手する。）
T　There are less than 100 languages in the world.
Ss　（挙手する。）
T　The answer is "more than 100 languages." How many languages are there in the world? You have three choices. A, about 400 languages,

B, about 1,000 languages, C, about 6,000 languages. Which? Raise your hand. A, about 400 languages.
Ss　（挙手する。）
T　B, about 1,000 languages.
Ss　（挙手する。）
T　C, about 6,000 languages.
Ss　（挙手する。）
T　The answer is C. <u>About 6,000 languages are used in the world.</u>

　初めは英語で答えさせるのではなく，選択肢を与え挙手をさせる方法をとりました。一部の生徒だけが活発に発言する傾向が見られるので，全員を巻き込みたいと考えたからです。最後に受け身の文を言いましたが，ここではさらっと言ったので，生徒は新しい文法事項を使った文であることを認識できなかったようです。

T　Then can you say eight major languages? The languages a lot of people use and many people think it is a very important language.（黒板に major languages と書き，その下に1から8の数字を縦に書く。）Talk in pairs in English.
Ss　（隣同士のペアで言語名を出し合う。）

　これまで社会科などで習った知識を生かして言語名を出し合わせます。一部の言語名は英語で言えないのを承知の上で，英語で話させています。このペア・ワークでは単語レベルの発話となっています。

T　Tell us one language, S1.
S1　Spanish.
T　Good.（3の横に Spanish と板書する。）

Repeat after me, Spanish.
Ss　Spanish.
　　　（以下，数名にたずねながら次の言語名を該当する番号の右側に板書する。1. English　2. French　3. Spanish　4. Arabic　5. Chinese　6. Russian　7. Portuguese　8. German）
T　　Look at this map.（日本に色を付けた世界地図を見せる。）<u>What language is used in this country?</u>
Ss　Japanese.
T　　Yes. <u>Japanese is used in this country.</u> Now look at this map. <u>What language is used in these countries and areas?</u>
　　　（以下，Major languagesで板書した8つの言語の使用国（地域）を表す地図を見せながら，クイズ形式で言語名を当てさせ，その都度，受け身の文を生徒に聞かせる。生徒の反応により，<u>This language is used in Brazil.</u> <u>This language is used in this country.</u> などのヒントを出す。）

　　"English is used in these countries and areas."などと8つの言語について受け身の文を聞かせることで，受け身の文の意味や形について気付けるようにします。生徒の気付きを大切にした指導が大切です。

新出文法事項の確認・口頭練習（❷）

T　　（English ＿＿＿ ＿＿＿ in many countries.と板書をして。）
　　　What words come here?　English
Ss　is used
T　　Good.（is usedを板書する。）どんな意味かな？　英語は多くの国で
Ss　話されている。
T　　そうだね。「英語は多くの国で話されている」という意味だね。「主語が〜される」，この場合「英語」が「話される」，is used の部分で

「〜が話される」の意味を表している。この used は過去形と同じ形だけど，新しい動詞の変化形なんだ。これを過去分詞と言う。「〜される」の意味がある。

- T　Now repeat after me. English is used in many countries.
- Ss　English is used in many countries.（2〜3回全体で復唱させる。）
- T　S2, please.
- S2　English is used in many countries.（全体で復唱させた後，数人の生徒に言わせる。）
- T　（板書した English と many countries にそれぞれ括弧を付けて。）
  Now let's change these parts and say. English, New Zealand.
- Ss　English is used in New Zealand.
- T　Repeat. English is used in New Zealand.
- Ss　English is used in New Zealand.
- T　English, South Africa.
- Ss　English is used in South Africa.

（以下，Portuguese, Brazil / Chinese, Singapore / Arabic, Egypt / Spanish, Mexico / English and French, Canada / Arabic and French, Morocco などのパタン・プラクティスを行う。）

　オーラル・イントロダクションで何度も聞かせた受け身の文の形とその意味がつかめているかを確認します。この段階では基本的な説明のみに留めています。ここで詳しく説明し始めると情報過多で混乱させ，大切なところをしっかりと理解させられない場合があります。

　英文の形と意味が確認できたら，ターゲット文を復唱させます。その後，口頭練習に移ります。今回はパタン・プラクティスを用いました。主語と in の後の国名を替えた英文を言わせます。最初は黒板に書いてある英文を見る生徒がいますが，途中で，"Don't look at the blackboard. Look at me." と指示し，教室の端に立ち，黒板を見な

いで言わせます。English and French, Canada のところでは，数名の生徒が are ではなく is と言うだろうと想定しています。その場合，"is? English and French, so?" のように誤りに気付かせます。

T　use は規則動詞だから，過去分詞も used と過去形と同じ形だけど，不規則動詞の場合には形が異なる。例えば，speak の過去形は？
Ss　Spoke.
T　過去分詞は spoken となる。Repeat, spoken.
Ss　Spoken.
T　動詞はよく原形，過去形，過去分詞を続けて言って覚えるんだ。Repeat, speak, spoke, spoken.
Ss　Speak, spoke, spoken.
T　write の過去分詞は written となる。Write, wrote, written.
Ss　Write, wrote, written.
T　Look at this sign in a station in Japan.（駅の構内の写真を見せながら）This sign is not written only in Japanese. It is written in Japanese, English, Chinese and Korean. Now a lot of foreign people come to or live in Japan, so signs in Japan are written in some languages.

　このオーラル・イントロダクションでは過去分詞は used しか使用しませんでした。この導入の短所は used を過去形だと思わせてしまうことです。新出文法事項の確認のところで，過去分詞について確認しましたが，さらに，規則動詞と不規則動詞の両方について簡単に補足説明しました。このあと，例示した不規則動詞（written）を用いた英文例を示します。

教科書本文の口頭導入（❸）

（下線部は教科書の文や新出語句に関連させた部分）

T　Now let's go on to the story in this textbook. I like school lunch. It's delicious. Do you like school lunch?

Ss　Yes. / No.

T　We are lucky because we can eat breakfast, lunch and dinner every day. Look at this picture.（少年が少量のパンをかじっている写真を見せて） Many people can't eat enough food. Enough means "十分な。" This is one of the biggest problems. <u>Problem means "問題。"</u> There are many other problems around the world. For example, many children can't go to school. Please tell your partner one problem you know around the world. Talk in English.

Ss　（生徒同士で世界で起きている問題を出し合う。しばらく経ったら，"You can use Japanese."と指示し，日本語の使用を認める。）

T　Look at this picture.（工場の煙突から煙が上がって大気が汚れている写真を見せて） The air is not clean.
（以下，何枚かの写真を見せながら次の英文を述べる。）
People cut down too many trees. / There is a lot of garbage. / There is a war. / The earth is becoming warmer. / Children have to work.

T　How about this?（汚い水をペットボトルに入れている少年の写真を見せて） There is not enough water. The water is not clean. <u>Water is very important</u> because we use it every day. <u>Water is used in many ways.</u> When and how is water used? For example, water is used when we take a bath. Repeat after me. Water is used when we take a bath.

Ss　Water is used when we take a bath.

T　And? Talk in pairs.

Ss　（生徒同士で例を言い合う。）

T　S3, please.（生徒を指名し，ペアで出てきたことを述べさせる。）
S3　Water is used when we wash dishes.
　　（Water is used when we take a bath／when we wash our hands／when we grow flowers／when we cook／when we wash our clothes など。）

　新出文法事項の口頭導入の題材（言語）と教科書の題材（水問題）の関連性が薄いので，"Now let's go on to the story in this textbook." と告げてから本文の口頭導入に移りました。生徒の身近な話題から入ったほうが取っ付きやすいので，まず給食の話から食糧問題を取り上げ，次に世界で起こっている問題を生徒同士で出し合わせました。知っている問題全てを英語では言えないので，途中で "You can use Japanese." と指示を出しました。このように表現するのが難しいと感じることでも，最初は英語で述べる努力をさせ，あとで日本語の使用を許可するようにしています。

　この後，教師が写真を見せながら People cut down too many trees. のように各問題について英語で例を挙げます。既習の語彙や表現でほとんどの問題を表現できることを生徒に分からせたいと思い，簡単な表現で説明しました。最後の写真で水問題を取り上げ，本文の題材に移ります。

　続いて，水がどのようなときに使われるのかを英語で言わせることにしました。生徒が言えるように，また，受け身の文を使わせるために，Water is used when we take a bath. の例文を示し，復唱させました。これにより，どのペアでも英語でのやり取りが行えていました。

T　Ms. King wants her students to think about water problems in class. Open your textbook to page 92 and read it silently.
Ss　（黙読。）

第3章

> 　今回のオーラル・イントロダクションでは，本文に書かれてあることの全てを導入するのではなく，関連したことを述べることで，本文を自力で読めるようにしました。普通は読み取りのポイントを示してから黙読させますが，このときはポイントを示しませんでした。

内容理解，説明（❹）

T　最初の文の最後の単語は /laivz/ と発音します。our の後だから名詞だよね。これは life の複数形です。（黒板に life – lives と書く。）

T　2文目を見てください。It は何を指しますか？

Ss　Water／水。

T　そうですね。It's は何の短縮形？

Ss　It is.

T　is used だから，水が？

Ss　使われる。

T　in many ways は「多くのところで」，「いろいろと」という意味です。2つの例が示してあります。隣同士で日本語の意味を確認してごらん。

Ss　（確認し合う。）

T　まず our food is cooked の部分の意味は，私たちの食べ物は？

Ss　料理される／調理される。

T　with water は？

Ss　水で。

T　この with はこの場合は手段や材料を表す前置詞で，「水で，水を使って」の意味です。our clothes are washed は，私たちの服は？

Ss　洗われる。

T　in it の it は？

Ss　water／水。

T　洗濯物は水の中で洗われますよね。many people around the world は

どこのたくさんの人たち？
Ss　世界中の。
T　（ジェスチャーで around のイメージを示しながら）around the world で「世界中」の意味です。many people around the world で「世界中の人々」だね。この部分が文の主語になっています。clean の意味は？
Ss　きれいな。
T　How can we solve this problem?「どうやって私たちはこの問題を solve できるのか？」solve の意味を推測してから英和辞典で確認しよう。
Ss　（英和辞典で solve を引く。）
T　意味は？
Ss　解決する。

　本文の説明は日本語で行うことを原則にしています。また，必要に応じて教科書にメモを取らせています。教材研究で立てた計画（pp.71-72 2　パートの授業設計）に沿って，内容理解や語句などの説明や確認などを行っています。

新出語句の発音（フラッシュカード）(❺)

T　Now look at this word.（フラッシュカードを見せながら）Water.
Ss　Water.
T　（以下，lives, around the world, solve, problem を復唱させる。）

　新出語句の発音指導の手順は，まず各語（語句）の発音のモデルを教師が示し，後について復唱させます。正しく発音できるようになったと判断したら，カードをフラッシュさせて，単語を読めるようにさせます。フラッシュさせて読ませる理由は，本文を音読する際，語句を一瞬で認識して正しく発音できるようにするためです。

音読練習（❻）

T Now let's practice reading aloud. Repeat each sentence after me.
　　Water is very important in our lives.
Ss Water is very important in our lives.
　　（以下，全ての文について復唱させる。）

　導入直後の音読の目的は，書かれている文を正しく音声化できるようにさせることです。したがって，教師のモデル音声を復唱させる Choral Reading に時間をかけます。生徒が復唱する際，教師は正しく発音していない生徒がいないかしっかりと聴きます。もし，誤りが聞こえたら，再度復唱させたり，個々の生徒の音声を確認したりして，生徒全員が正しく発音できるまで Choral Reading を繰り返します。

　全員が本文を正しく音声化できると判断したら，Buzz Reading に移ります。この目的は，モデル音声なしで各自のペースで音読練習を行うことです。Buzz Reading では，２分間のように時間を決めたり，５回読ませるなど回数を決めたりする方法があります。筆者は，「四方読み」と言って，全員を立たせ，最初から最後まで読み終えるごとに90度ずつ時計回りをさせています。正面を向いても読み続けさせ，ほとんどの生徒が正面を向くタイミングで座らせます。これの長所は，個々の生徒の音読スピードが一目で分かることと，教科書を手に持って音読しなければならないので姿勢よく音読させられること，教科書の語数に左右されずに一定の回数を読ませることができることなどです。

3 C　本時のまとめ

　ワークシート（p.86参照）を配布し，文の形と意味について再度確認

させてから，動詞の変化形について8語を復唱させました。あとの練習問題は宿題にしています。

　ワークシートには原則として解答を載せておき，問題を行ったらすぐに自分の解答が合っているか確認できるようにしています。

　最後に宿題の確認と，次の授業で行うこと（本文に1文を加えてキング先生になり切ってスピーチを行う）を告げて，授業を閉じました。

4　1時間目の後で家庭学習に求めること

　1時間目の後の家庭学習では，本文で扱われている文法，語彙，表現などを定着させるための課題を行わせたり，2時間目の活動の準備を行わせたりします。また，教科書準拠の問題集や自作のプリントなどで文法の確認や練習を行えるようにします。

　Seven Stepsと名付けた課題（p.87参照）では，音読やディクテーションなど音声と関連させた課題を課しています。自宅でも音声を聞くことができるように教科書準拠のCDを購入させていますが，教科書の出版社によってはホームページからダウンロードできるようになっています。

　教科書本文を書かせる際は，1文1文を音読してから書くように指示します。そうすることで，英文を単に写すという作業ではなく，書くことにつなげることができます。また，単語を正しい綴りで書く練習にもなります。ちなみに，予習で本文を書かせる課題は出しません。内容理解を行う以前に本文を写す課題を出しても，期待できる学習効果はありません。単に記号を写す作業をしているようなものです。教科書に直接メモを行うことが嫌な場合には，英文を印刷したプリントを配布し，それに記入させればよいでしょう。どうせ本文を写させるのなら，効果のあるところで行わせたいものです。

文法のワークシート例

Enjoy English －受け身の文－

「(主語は) ～される・された」「(主語は) ～られる・られた」を表す文

文の形　主語＋ be 動詞［is, are, was, were］＋過去分詞
English is spoken in Australia.
(主語は) 英語は (～される) オーストラリアで話されている。

過去分詞…多くの語は過去形と同じ形

	意味	原形	過去形	過去分詞
1	(球技、ゲームなど)をする	play	played	played
2	～を使う	use	used	used
3	～を調理する	cook	cooked	cooked
4	～を話す	speak	spoke	spoken
5	～を書く	write	wrote	written
6	～を壊す	break	broke	broken
7	～を建てる	build	built	built
8	～を修理する	repair	repaired	repaired

　受け身の文の構造に慣れましょう。下の3つの部分をそれぞれ替えて文を書きましょう。

例文　English　is spoken　in Australia.（現在のことなので be 動詞は現在形）
　　　(主語は) (～される)　他の情報 [by ～ (～によって)、とき、場所など]

① in this class
_____

② Portuguese, in Brazil
_____

③ Rugby, played
_____

④ Many kinds of sports, played
_____

⑤ That bridge, repaired, last year（過去のことなので be 動詞は過去形）
_____

⑥ *Botchan*, written, in 1906
_____

【答え】① English is spoken in this class.　② Portuguese is spoken in Brazil.　③ Rugby is played in Australia.　④ Many kinds of sports are played in Australia.　⑤ That bridge was repaired last year.　⑥ *Botchan* was written in 1906.

家庭学習の課題「Seven Steps」

教科書の復習のやり方（指示がなくても毎日行うこと）

教科書を開く

⭐ ステップ1 約4分：教科書のCDを真似て5回以上音読を行う。
教科書の文字を見ながらCDをモデルにして行う。

教科書を閉じる

ステップ2 約5分：CDのあとについて，1文ずつ言えるようにする。
2文，3文と挑戦しよう！

教科書，ノートを開く

ステップ3 約10分：新しい単語（太字）をノートに何度も書いて覚える。
余裕のある人は細字の単語も書けるようにしよう！

⭐ ステップ4 約10分：本文をノートに2回以上書く。
発音しながら書くようにしよう！

⭐ ステップ5 約2分：写した英文を黙読して，間違いがないか確認する。
声を出さないで読む。

教科書を閉じる

ステップ6 約4分：1文ずつCDを聞き，英文をノートに書く。
テストのつもりで行う。

教科書を開く

⭐ ステップ7 約2分：答え合わせをし，間違いを赤ペンで直す。
何度も書いて覚えるようにしよう！

＋「教科書用問題集」の該当ページ（答え合わせもすること）

時間がないときでも星印のところは必ずやること！
ノートは自主学習を含めてどんどん使おう！
学習した日を「○月○日」「○／○」のように書いておくこと。

授業デザインの具体例②
2時間目

　コミュニケーション・タイム（帯活動）は1時間目と同じチャットで3回目となります。前時の復習以降の具体を示します。

1 B　前時の復習

前時の文法事項の確認及び復習（必要に応じて）（❶）
- T 「英語は多くの国々で話される」という英文を隣同士で確認してください。また，語順などの文法のポイントを互いに確認してください。
- Ss （ペアで言い合う。）
- T S1, please.
- S1 English is spoken in many countries.（教師が板書する。）「話される」なので，主語の後に be 動詞と過去分詞を続けます。
- T （生徒の述べたことに必要に応じて補足説明を行う。）

> 　文法の確認はなるべく簡単に行います。生徒同士で新出文法事項の確認（前回教師が説明したことや教科書に書かれていること）を行わせたり，口頭で英文を言わせたりします。

本文の確認・補足説明（❷）
- T Now, listen to the story you read last time. Don't open your textbook.
- Ss （Part 1 の本文を聴く。）
- T Water is used in many ways. This text gives two examples. What

	are they? Talk in pairs.
Ss	(2つの例を言い合う。)
T	Tell us one example, S2.
S2	Our food is cooked with water.
T	Good. S3, the other example, please.
S3	Our clothes are washed in it.
T	Right. Open your textbook to page 92. Listen to the CD again.
Ss	(開本して本文を聴く。)

> 通常は本文内容を想起させるため，教科書を閉本したままで音声を聴かせ，本文内容について英語で質問します。しかし，2時間目に本文を活用した言語活動を行うことが分かっていると，生徒は授業前の休み時間に音読練習を行うようになります。その場合，想起をさせる意味がなくなるので，すぐに開本させて本文を聴かせるようにしています。

音読練習（❸）

T	Let's practice reading aloud for the next activity.

> 前時の復習の際の音読の目的は，内容を考えながら感情を込めて音読させることです。最初に Choral Reading を行い，生徒が正しい音声で音読できるか確認します。もし正しく読めない箇所があったら再度指導します。次に，本文の音声と重ねあわせて音読させる Overlapping (Paced Reading) を行います。これにより，スピードや音調を音声モデルに近づけることができます。2回程度行うと効果的です。続いて Buzz Reading を行います。

T	Read and look up, sentence by sentence. Let's begin.
Ss	(1文目を黙読する。)

第3章

 T Look up.
 Ss Water is very important in our lives.
   （以下，全ての文について，Read and look up を行う。）
 T Next, one sentence, two sentences, two sentences.
 Ss （1文目を黙読する。）
 T Look up.
 Ss Water is very important in our lives.
 T Two sentences.
 Ss （2文目と3文目を黙読する。）
 T Look up.
 Ss It's used in many ways. For example, our food is cooked with water, and our clothes are washed in it.
 T Last two sentences.
 Ss （4文目と5文目を黙読する。）
 T Look up.
   （同様に3文＋2文→全文と Read and look up を行い，暗唱させる。）

 音読から話すことにつなげるために，Read and look up を行います。通常は1文ずつ行って終了しますが，1文ずつではすぐに記憶から消えてしまいます。2文ずつ，3文ずつのように，文と文のつながりをもたせることで，文の構造や内容を考えながら再生する活動となります。本文を活用した活動を成功させるためには，このタイプの Read and look up が最も重要な活動と言っても過言ではありません。これにより，生徒は教科書を見ないでもある程度英文を再生できるようになるからです。

本文に関連させた言語活動（❹）
 T Let's do "なりきりスピーチ。" You are Ms. King. But as usual, please add one sentence to Ms. King's speech.（本文の最初，中頃，終わりを

指さしながら）You can add one sentence anywhere in the passage, here, here, or here. I'll give you three minutes to prepare for your performance.
Ss　（準備を3分間行う。）
T　Now stand up and rehearse your performance.
Ss　（リハーサルを行う。）
T　Close your textbook. S4, come to the front, please.
　　（全ての生徒を教室の前で発表させる。）

　本文に1文を加えさせることで，内容をより深く理解しようとします。なぜなら文脈に合った文を考えようとするからです。「思考力，判断力，表現力等」を育てるためには，本文を利用したこの活動を継続的に行わせることが最も有効な方法の1つです。読んだことに自分の意見や考えを述べる活動にもすることができます。さらに，文法や語彙も文脈をもった本文の中で覚えるので，忘れにくくなります。

　筆者の経験上，生徒が苦労なく暗唱できる語数は35語が上限です。このパートは55語なので，前時に予告したとしても一部の生徒にとって覚えられない分量です。したがって，黒板に各文の最初の3語や文中の一部の語句を書いておくなどの配慮が必要です。

　クラスの生徒数が多く，全員に発表させられない場合，数名のグループ内で個々に発表させた後，生徒を指名して全員の前で発表させます。

---

2 C　本時のまとめ

　生徒が加えた英文でよいものをいくつか取り上げます。

第3章 5

統合的な言語活動の取り入れ方

1 対話文における「話すこと」の活動

　「思考力，判断力，表現力等」を育てるためには統合的な言語活動は積極的に取り入れなければなりません。本章の2ではテキストタイプがスピーチ文の場合の言語活動を紹介しました。そこで，Part 2の対話文（pp.68～69参照）を利用しての言語活動を紹介します。

　対話文は発話を演劇の台本のようにスクリプト化させたものなので，原則として話すことの活動を考えます。スキットを演じさせる活動が第一に考えられます。感情を込めてセリフを言うためには，対話が行われている場面や登場人物の心情を理解しなければならないので，内容理解が深まります。ちなみにペアやグループで感情の込め方を考えさせると，様々な解釈が生まれることがあります。教師の言われるままに動くのではなく，主体的に思考している証拠です。また，体を動かしながらセリフを言うことで，表現が忘れにくくなると感想を述べた生徒もいました。

　対話文をそのまま演じさせてもよいですが，1文以上を自由に加えさせると学習効果が高まります。生徒は文脈に合ったセリフを考えなければならないので，教科書を一生懸命読み直すことになります。内容理解のための読みではなく，創作を行うための読みになるので，当然ながら読み方がより深くなります。英文を足させるかどうかの基準は，教師が英文をいくつか思いつくかどうかです。教師が考えつかなければ生徒には無理なので，セリフを足す活動は避けた方がよいことになります。

　また，対話文の語数が多く，暗記させることが困難な場合には，どこか一

部を取り上げて演じさせるとよいでしょう。この対話文は，Meiのパートが32語，Bobのパートが16語の合計48語なので，2人で行う活動としては適切な語数です。2で述べたように，暗記させる語数は35語以内に設定したいものです。Bobと比べるとMeiのパートの語数の方が多いですが，ペアで役割を分担する際，英語が得意な生徒が難しい方のパートを演じることが多いようです。ちなみに，対話文では男女の主人公が対話を行う設定が多いですが，演じるときには性別は関係なく役割分担をさせます。

対話文における2時間目の音読練習では，次のように1回目のChoral Readingでは文単位，2回目ではセリフ単位で復唱させます。

Choral Reading　1回目（一部のみ例示）

T　Yes, it does, but not enough.
Ss　Yes, it does, but not enough.
T　We have to import water.
Ss　We have to import water.

Choral Reading　2回目（一部のみ例示）

T　Yes, it does, but not enough. We have to import water.
Ss　Yes, it does, but not enough. We have to import water.

また，Read and look upの際も1文ずつからセリフごとに行います。Read and look upの後の手順が2で示したスピーチ文（モノローグ文）と多少異なります。次のような手順で行うと暗唱に結び付けられます。

T　I'm Mei and you are Bob. Memorize Bob's part.
　　（生徒の様子を見ながら語数により覚える時間を変える。）
T　Let's begin. We don't have enough water resources in Singapore.
Ss　Really? So doesn't it rain in your country?
　　（以下省略）
T　This time, you're Mei and I'm Bob. Memorize your part.
　　（暗記する時間を与える。）
T　Now look at my eyes. Please.

Ss We don't have enough water resources in Singapore.
T Really? So doesn't it rain in your country?
（以下省略）

　教師が Mei のセリフ，生徒が Bob のセリフのように役割分担を行い，時間を少し与えてセリフを暗記させた上で，教師と生徒でセリフを言い合います。その際，教師は少しオーバーにジェスチャーを使ったり，感情を込めて言ったりすると，その後に行う生徒同士のスキットのモデルやヒントになります。

T Now I'd like you to perform a skit with your partner. One is Mei and the other is Bob. But this time, Bob or Mei must add at least one sentence after the last sentence. "Oh, you're recycling water!" and say something. Bob can say something, or Mei can say something. I'll give you three minutes to prepare for your skit.
（3分経過後）
T Now stand up and rehearse your skit.

　Bob のセリフが短いので，Bob に英文を付け加えさせて言わせてもよかったかもしれませんが，今回は Bob と Mei のどちらが加えてもよいことにしました。その方が言えることの幅が広がるからです。例えば，次の英文を加えることが考えられます。

Bob のセリフ
・Water is really important in Singapore.
・Is that water sold in Singapore?
・Can we drink that water?

Meiのセリフ
・We have to save water.
・So I know the importance of water.
・People in Japan are happy because they can use a lot of water.

　ペアでの話し合いは日本語となりますが，学習段階が進んだら，英語で話すように促します。その際，次の表現を指導します。
　提案する際の表現：How about putting "_____" here[after ～]?
　相手の提案への応答表現：That's a good idea. / I have an idea.
　分からないことを相手に聞く際の表現：What is "_____" in English?
　英語で話すように励まし，どうしても言えない場合には日本語を使ってもよいことにしています。

2 対話文における「書くこと」の活動

　対話文を説明文に変換させる活動を紹介します。例えば，次の対話文が教科書に載っていたとします。
Mei　When do you play tennis?
Bob　I practice tennis on Saturdays.
Mei　Do you practice with your friends?
Bob　No, with my brother.
Bobのことについて説明すると，Bob practices tennis on Saturdays. He plays with his brother. となります。人称代名詞のIをBobに，myをhisに換えるとともに，対話文の内容を整理してまとめなければなりません。
　このように，対話の内容を説明文に換えさせてから，次の例のように自分の考え・感想・意見などを加えさせる活動を行うことができます。Part2の対話文を使って具体的な指導の流れを紹介します。

第3章

T I'd like you to write about water problems in Singapore from part 2. And after the last sentence, write your comment.
Ss （書く活動。）
T Make a group of four and show your writing to one another.
Ss （書いたものを相互に読ませる。）
T Now I'll show you the model. （黒板に次のパッセージを書く。その際，人称代名詞 they, there is/are 構文の使用などについて説明しながら書いていく。）

There are not enough water resources in Singapore. There is not enough rain, either. So they import water from Malaysia. These days, they are starting to turn waste water into clean water. They are recycling water. Water is really important not only in Singapore but also in Japan. We have to save water.

T Copy this passage in your notebook.

　対話文の教材について考えや感想を述べさせるためには，対話文を説明文に換える必要があります。この練習を行っておくと，ディスカッションやディベートで意見を述べたり，話されたことをまとめたりする際にも役立ちます。この活動は生徒にとってやや難しいので，生徒に書かせてから，まとめ方の例を教師が示すという手順で指導します。その際，本文に載っている情報を取捨選択したり，情報の順番を変えたりすることで，読み手に分かりやすく書くためのコツを教えます。また，感想や意見の述べ方を学習させることもできます。

---

3 長い文章の場合のスピーチ活動

Part 4 を使って自分の考えや意見を述べる統合的な言語活動を紹介します。

このパートは79語と長いので，全文を暗唱させた上に考えや感想を加えさせるのは困難です。語数が多い場合，パッセージの一部で使えるところがあるか検討します。このパートでは，例えば次のパッセージを暗唱させた上で，考えや感想を加えさせます。

　In many areas in Africa, people can't get clean water.　Girls and women walk for hours to get water from rivers or wells.　This means that many girls cannot attend school, while boys are learning.（35語）

教科書の最初の部分は，I studied water situations in Africa.　In many areas, people can't get clean water. ですが，この場合の I は Bob なので，上記の1文目のように書き直して生徒に示します。

教科書本文をそのまま活用したスピーチは，次の理由からとてもよい言語活動です。
- 教科書の全文または一部を暗唱させるので，教科書の質のよい英文を覚えさせることができる。
- 構成が指定されているので聞き手に分かりやすいスピーチを行わせることができる。
- 教科書本文のところには誤りがないので，事前にスピーチ原稿を教師がチェックする必要がなくなる。スピーチを終えた後に，考えや感想の部分のみについて助言すればよいことになる。事前に添削を行う場合でも，生徒が考えた部分のみを行えばよいので時間がかからない。
- 考えや感想を述べるところはオリジナルになるので，何人ものスピーチを聴いても飽きない。
- スピーチ原稿を最初から自分で考えさせると時間のかかる大きな活動となってしまうが，この方法だと本文に1文または数文を足せばスピーチができるので，頻繁に行わせることができる。

この方法に慣れたら，複数のパートや単元から生徒自身に自由に引用させて構成させる活動を取り入れます。その際，According to 〜, Bob says that 〜, I agree that 〜などの表現を指導します。

小・中連携の授業アイデア

1 最初の授業で行いたい言語活動

　入学してくる生徒全体の英語力はどのくらいなのか,小学校でどのような指導を受けてきたのか,英語の授業への関心はどのくらいあるのか,生徒間の学力差はどのくらいあるか,新入生が中学校でどのような授業を期待しているのかなど,あらかじめ知っておきたいことがいくつかあります。アンケート調査を行いたいところですが,最初の授業から調査では教師にとっても生徒にとっても面白くありません。最初は生徒の英語力を把握する目的も含めて,教師が自己紹介を行うことで生徒の聞き取る力を試してから,生徒に即興で自己紹介を行わせてみてはどうでしょうか。

T　I'm your English teacher, Honda Toshiyuki.　Please call me Mr. Honda.　Nice to meet you, everyone.
Ss　Nice to meet you, too, Mr. Honda.
T　Now I'll introduce myself again.　My name is Honda Toshiyuki. Please call me Mr. Honda.　I like sports.　I like playing tennis.　I like music, too.　I can play the guitar.　I play the guitar on Sundays.　I want to play the guitar at the school festival.　Nice to meet you. Now answer my questions.　What is my name?
Ss　Honda Toshiyuki.
T　What sports do I play?
Ss　Tennis.
T　Yes.　I play tennis.　Do I like music?

Ss	Yes.
T	Yes, I like music. What do I play?
Ss	Guitar.
T	Yes, I play the guitar. When do I play the guitar?
Ss	On Sundays.
T	Yes. I play the guitar on Sundays. Where do I want to play the guitar?
Ss	At the school festival.
T	Yes. I want to play the guitar at the school festival.

　最初に教師の呼び方を紹介するために簡単な自己紹介を行います。次に再度自己紹介を行いますが，この自己紹介は生徒が行うモデルとしてのものです。したがって，『We Can!』の教材に載っている語句や表現をなるべく用いるようにします。その後，教師が言ったことについて生徒に質問を行い，生徒全体に答えさせます。生徒全体の聞くことと話すことの力，及びやり取りをする力及び意欲がどの程度あるのかを把握するためです。生徒の答えは語句レベルで構いません。その都度，教師が言い直して，文の形で生徒に聞かせるようにします。

T	Thank you, everyone. Now, your turn. Introduce yourself in a group. I'll divide you into four groups. （生徒数が均等になるように生徒たちを指さして）You are in Group 1. You are in Group 2, you are in Group 3, and you are in Group 4. （全ての生徒を４つのグループに分ける。生徒の人数によっては２つのグループでも可。）
T	Introduce yourself like this. First, say your name. My name is blah-blah. Then say two or three things, for example, what you like, what you play, what you want to do in Kudan Junior High School, what club you want to join, and so on. I'll give you 20 seconds for

	each student. （時計を指さして）One, two, three, four, … twenty seconds. I'll say "Stop." Then please say "Nice to meet you." Other students, say "Nice to meet you, too." Repeat after me, "Nice to meet you, too."
Ss	Nice to meet you, too.
	（1つのグループに行き）For example, he introduces himself for 20 seconds. I say "Stop." Then he says "Nice to meet you."（ジェスチャーを交えて）Then you say "Nice to meet you, too." OK?
T	（それぞれのグループに行き）You go first, then you, and next you, go around clockwise.（他のグループも同様に順番を指定する。）
T	Now let's begin. First student, please.
S	（最初の生徒が自己紹介を行う。）
T	（20秒が経ったところで）Stop.
S	Nice to meet you.
Ss	Nice to meet you, too.
T	Next student, please.
S	（2番目の生徒が自己紹介を行う。以下，全ての生徒に行わせる。）
T	Good job, everyone.

　生徒を1人ずつ教室の前に出して自己紹介を行わせる方法もありますが，生徒の様子がまだ分からないので，グループ内で自己紹介を行うようにしました。20秒経ったら"Next student."と言って時間を区切ることで，グループ間の時間がバラバラにならないようにします。

　活動の説明をする際は，まず全体に説明し，その後，生徒を使って具体的に同じように説明を行います。この活動の場合，全体に説明した後，1つのグループのところに行き，どのようにするのかモデルを示します。指示をするときは必ずジェスチャーを交えます。

T   Listen.（円を描くジェスチャーをしながら）Students from Group 1, stand here in a circle, and students from Group 2, stand here in a circle.（グループ１とグループ２の生徒を対面させて円に並べる。同様にグループ３とグループ４も並べる。）

T   Introduce yourself to each other. You can ask a question, for example, "Do you like manga?" I say "Next," then students from Group 1 and Group 3 go around clockwise to the next student.
（生徒のところに行き，実際に生徒を動かしながら説明を再度行う。）

> 　生徒を二重の円にして，生徒同士にやり取りをさせます。時間は40秒間を基準にして生徒の様子を見ながら進行します。40秒間という時間設定は変えてもよいですが，沈黙がないようにします。お互いにまだ話したりないところで終了するくらいの時間が適しています。先ほどは即興で自己紹介を行わせましたが，今度はやり取りを伴った自己紹介を行わせます。これまで話したことのない生徒と触れ合わせることも目的の１つです。また，質問文を使わせることも目的の１つです。教師は全体を観察しながら，全体としてどのくらいの発話力があるのか把握します。

　これらの活動は全て『We Can!』の言語材料の範囲で行っています。生徒も他の生徒の発話を聞き，小学校で習った英語表現を思い出すことができます。何度も自己紹介を行わなければならないので，様々な表現を耳にすることで相互に学び合わせることができます。

2 『We Can!』を基にした活動

　『We Can!』に載っているモデル文に何文かを付け加えた言語活動を考えてみましょう。たとえば，『We Can! 2』のUnit 5（p.39）には書くことの言語活動として，次のモデル文が示されています。

> My Summer Vacation
> I went to the sea. I enjoyed swimming. I ate fresh fish. It was fun.

また，STORY TIME（p.41）では次の読み物教材が載せられています。

> My family went to the sea this summer. I saw some seashells, starfish and jellyfish. We had a nice dish of fish. It was delicious.

　小学校ですでに過去形を学習しているので，夏休みのことを題材にした言語活動を行います。例えば，日記を数日間書かせる（書くこと），英語新聞やポスターなどを作らせる（書くこと），夏休みの思い出についてスピーチを行わせる（書くこと及び話すこと）など，いくつかの言語活動が考えられます。その際，『We Can!』のパッセージに数文を付け加えた次のモデル文を生徒に示します。

> I went to the sea in Chiba with my family this summer. We went there from July 28th to 30th. I enjoyed swimming with my brother every day. I ate fresh fish and vegetables every day, too. They were delicious. On the second day, my family played beach volleyball. It was fun. I want to go to the sea next summer, too.

　「いつ」「誰と」「どこで」「何を」「どうだった」などの情報の表し方を指導することで，小学校のときよりも表現できる幅を増やせるようにします。ただし，まだ中学校に入学して数か月間しか学習していないので，生徒の状況を見ながら指導する必要があります。

表現集を作成し，それに沿って原稿を書かせるようにします。表現集には，『We Can!』に載っている語句を基にして，さらに生徒が使うと思われる語句を付け加えるようにします。

生徒に示す表現集の例

夏休みに関する表現集

①行ったところやしたことを表す表現
- I went to the <u>mountains</u>.
  the sea / the beach / an amusement park / my grandparents' house / a fireworks festival / Kyoto / Guam
- I visited <u>my grandparents</u>.
  my uncle / my aunt / my friend
- I went <u>hiking</u> in Shizuoka.
  swimming / shopping / fishing / camping
- I played with fireworks. I watched fireworks.

②楽しんだことを表す表現
- I enjoyed <u>the Bon Dance Festival</u>.
  singing songs / playing with my friends / playing cards / playing video games / seeing beautiful stars / seeing pretty flowers
- We had a wonderful time.

③食べたものを表す表現
- I ate <u>seafood</u>.
  ice cream / watermelon / shaved ice / a nice dish of fish / fresh fruit / fresh vegetables

第3章

7

文字，単語，文を書くことの指導
（中1初期）

1 文字や文などを書くことの調査

　小学校では，アルファベットの大文字及び小文字を書くことが指導されています。しかし，単語を正しい綴りで書くことや文を自分で考えて書くことは指導されていません。音声で十分に慣れ親しんだ簡単な語句や基本的な表現を書き写す活動が中心となっています。中学校ではこのことを考慮しながら書くことの指導を行わなければなりません。

　入学時に生徒全員が文字を正しく書けるようになっているかは分かりません。中学校で初めて教えたときも，2年生や3年生になっても文字の書き方を間違える生徒がいたはずです。bとdの誤りはその典型でしょう。

　また，『We Can!』では，中央の部分が広くなっているタイプの英語4線が使われています。初学者が小文字を書きやすくするために工夫されたものです。小学生の多くはこのタイプの英語4線に慣れていると思われます。

『We Can!』で使用されている英語4線

　アルファベットも含め，各生徒がどの程度正しく書くことができるのかを理解しておくために，何らかの調査が必要でしょう。しかし，入学したての生徒に対してすぐにアルファベットを書くテストを行いたくありません。初めの数回は中学校の英語の授業に関心をもてるような活動を中心に組み立て

たいからです。そこで，授業の最初に行った自己紹介のスピーチの中から，3文程度を書かせるなどを行わせ，各生徒の達成度を調査する方法が考えられます。生徒のパフォーマンスから判断する方法です。

ワークシートの例

　自己紹介文を先生に向けて書いてください。
　単語のつづりが正しく書けなくても大丈夫です。次の指示にしたがって，自己紹介で言ったことを中心に3～4文で書いてください。
　　1文目：あなたの名前の紹介
　　2文目以降：あなたのことについて2～3文で書いてください。

1年［　］組［　］番 氏名［　　　　　　　　］

　調査を兼ねているので，事前に英文例は示しません。また，綴りの誤りや文を書く際のルールは気にしないでよいことをあらかじめ伝えておきます。なお，生徒が戸惑わないように，『We Can!』の英語4線を使用します。
　生徒が書いた英文は赤字で添削したり，正しい書き方のモデルを示したり，

コメントを書いたりして生徒に返します。同じプリントを配り，書き直させてもよいでしょう。また，正しく書けない生徒がいる場合には個別指導を行います。その際，生徒の学習に対する意欲を削がないように上手に声かけをしたいものです。

2 音を聞いて文字を書くことができるようにする指導

　小学校では，個々のアルファベットが表す音を指導されています。その結果，次のことができるようになってから入学してくると思われます。
　・文字を見てその音を発音できる（例：Bを見て /b/ と発音する）。
　・単語を聞いてその初頭音が表す文字を指さすことができる。
　・音を頼りに blue などの既習語を推測して読むことができる。
　中学校では，単語を聞き，その一部分または全てを書かせる指導を行います。音から判断して文字を書く練習を行わないと，単語を書くときに生徒が苦労するからです。単語を扱う際には，聞く→言う→（読む）→書くの手順となるように心がけます。最初の2か月くらいで，box の発音を聞いてb-o-x と綴りを書けるレベルにまでもっていきたいものです。音と文字の関係を指導した段階的指導の例を紹介します。

第1段階　最初の指導
　26文字のアルファベットの音を確認させます。小学校により指導されているかもしれませんが，その場合でも復習として行います。口の形や舌の位置などを指導します。

　　T　（Aの大文字と小文字を板書して，大文字を指さしながら）What's this?
　　Ss　A.
　　T　Yes, this is "A." Each alphabet has two types of letters. This is a capital letter, a capital letter. And this is a small letter, a small letter. Repeat. Capital letter.
　　Ss　Capital letter.

T　Small letter.

Ss　Small letter.

T　The name of this letter is /ei/, but the sound is different. The sound of this letter is /æ/. Copy me, /æ/.

Ss　/æ/.

（教師の真似をさせながら生徒1人ずつに言わせて確認します。）

第2段階　音と文字の関係に慣らすための帯活動

　26文字の音を確認したら，フォニックス・ビンゴを帯活動として行います。この活動を続けることで，音と文字の関係に慣れさせることができます。

指導手順

　1枚のワークシート（次ページ参照）に印刷されている12のビンゴの中から自由に1つを選ばせ，番号の横の（　）に〇を入れさせます。教師が言った単語をチェックさせ，ビンゴになったら挙手させます。このワークシートの単語は［子音＋短母音＋子音］が組み合わさったものです。これにより，子音と母音を聞いて文字と結び付ける練習を行います。ちなみに，単語の意味はこの活動の目的とは関係しないので，気にしないように指示します。

　単語を次のように綴りを確認しながら読み上げます。半数程度の生徒がビンゴになったら終了します。

T　man, man.

Ss　（man を見つけてチェックする。）

T　What's the spelling of "man"?

Ss　m, a, n.

T　Right. Next, yet, yet.

第3段階　聞こえてきた単語を書かせる活動

　教師が言う［子音＋短母音＋子音］の3文字の単語を，音から判断させて書かせます。ビンゴで扱った語や big，fix，get などの他の単語を選びます。

　なお，ph，th，cr などや bike（語尾の e により i をアルファベット読みする）などのルールについては，徐々に指導していきます。

フォニックス・ビンゴのワークシート例

フォニックス・ビンゴ　No.1　　1年 [　] 組　[　] 番　氏名 [　　　　　　　　]

① (　　)

six	yet	ten	sun	web
cup	mop	dot	bed	top
run	jet	red	pin	man
pen	nut	hat	bus	lip
hen	cat	map	cap	box

② (　　)

red	hat	sun	mop	bed
web	cap	jet	pen	hen
box	yet	map	six	man
dot	top	run	cat	pin
ten	lip	cup	nut	bus

③ (　　)

top	lip	dot	run	cat
nut	ten	bus	web	man
pen	sun	yet	red	cap
six	box	bed	map	cup
hat	mop	hen	jet	pin

④ (　　)

pin	box	bed	hen	sun
top	ten	bus	run	map
lip	man	dot	cup	pen
six	red	nut	web	cap
jet	cat	yet	hat	mop

⑤ (　　)

web	cat	yet	red	man
nut	cup	cap	jet	lip
dot	hen	mop	box	six
bus	sun	pin	hat	top
pen	run	ten	bed	map

⑥ (　　)

bus	jet	map	cup	run
sun	hat	red	lip	pen
bed	web	cat	yet	man
mop	nut	top	pin	box
hen	six	cap	ten	dot

⑦ (　　)

cap	mop	map	dot	nut
web	hen	top	box	jet
man	yet	hat	ten	cat
cup	six	bed	lip	run
pin	bus	sun	red	pen

⑧ (　　)

bed	hen	top	mop	lip
cat	six	pin	cap	cup
web	jet	red	pen	run
sun	map	nut	yet	box
hat	ten	dot	bus	man

⑨ (　　)

pen	sun	man	hat	yet
run	bus	cup	map	pin
bed	web	cap	six	hen
nut	mop	jet	box	red
ten	lip	top	dot	cat

⑩ (　　)

web	box	red	hen	cup
lip	run	dot	pin	pen
nut	top	six	map	bus
yet	man	hat	jet	sun
cap	ten	cat	mop	bed

⑪ (　　)

map	ten	bus	yet	hat
pin	lip	cup	box	red
sun	bed	cat	web	cap
hen	mop	run	nut	top
dot	jet	six	pen	man

⑫ (　　)

pin	cat	nut	dot	box
top	six	run	bus	mop
jet	hen	ten	man	bed
lip	cup	map	pen	web
sun	hat	red	cap	yet

3 文を書くことの指導

　中学校では，徐々に罫線がない状況でも書けるようにさせます。その第1段階として，普通の英語4線を使った練習が必要かもしれません。『We Can!』の英語4線に慣れると，b, d, f, g, p, q, yのように上や下に伸びる文字の線の部分が極端に短く，縦のバランスが悪かったり，a, t, uなどの文字と見間違えそうな文字を書いたりする可能性があるからです。普通の英語4線のノートを購入させ，しばらくの間，練習させるとよいかもしれません。

　普通の英語4線のバランスに慣れてきたところで，下図のように，線1本，四角の枠の中，罫線のみに書く練習を段階的に行わせます。

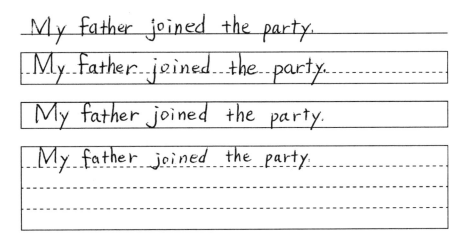

　小学校では1行につき1文が書かれたモデルが基本となっています。したがって，文を詰めて書くときのルールは指導されていません。すでに4年間も英語に触れてきた生徒なので，1年生の早い段階から文を詰めて書かせたいものです。文と文とのスペース，単語の途中を切って次の行に送らないなどのルールを教えたら，教科書本文の筆写を行わせることで慣らしていくとよいでしょう。

第3章
8

「話すこと［やり取り］」の指導アイデア

1 ［やり取り］の基礎練習

　即興で英語のやり取りを行うのは生徒にとって難しい活動です。長年，チャットを指導してきた筆者の経験から述べると，最低でも次の２つのことができるようにならないと会話のやり取りは成立しません。
　・２文以上のまとまりのある英文を相手に伝えられる。
　・相手の言ったことに対して関連する質問を行える。
　小学校の外国語科において Small Talk が行われてきているはずですが，中学校入学時には，スポーツや食べ物の好き嫌いのようなごく身近な話題について，相づちを打ちながら数ターンのやり取りができるようになっているのではと期待しています。中学校では，生徒同士で意見や感想を交換できるレベルまでもっていかなければなりません。そのためには，上記の２つのことを交え，いくつかのステップを踏んで指導する必要があります。
　即興でやり取りができるようになるための基礎練習はとても大事で，継続して行う必要があります。基礎練習として効果的なのは，質問に対して２文以上で応答する活動です。この活動には，様々な種類の質問文を言うこと，質問に２文以上で応答することの２つが含まれています。

生徒同士によるQ＆A

指導手順

　①Q＆Aシートを配付する。（p.112参照）
　②次の要領で01〜05の質問文を復唱させ，答え方の確認をする。
　T　No.1. Repeat. Do you like sports?

Ss （復唱。）
T Yes, I do.
Ss （復唱。）
T No, I don't.
Ss （復唱。）
T Yes, I do. のあとにどんな文が付け加えられる？
Ss （好きなスポーツ，行うスポーツ，よく見るスポーツ。）
T そうだね。Yes, I do. I play tennis. や Yes, I do. I often watch soccer games on TV. とか言えるよね。では，No, I don't. のあとなら？
Ss （運動が得意ではない，スポーツに興味がない。）
T そうだね。No, I don't. I'm not good at sports. などと言えるよね。
（以下，01～05の5文について例を示す。）

③前回と同じ相手とならないように生徒同士のペアを指示する。

※ペアの作り方は第2章10－2（p.53）2を参照

④一方の生徒が01～05まで質問し，他方の生徒が2文で応答していく。5つの質問を終えたら，役割を交代し，01～05までを行う。役割はジャンケンなどで決めさせてもよい。応答する側はワークシートを見ない。答え方を間違えた際は質問者が正しい答えを言うようにする。例えば，"Do you ～?" の質問に対して "Yes, I am." と答えた場合には "Yes, I do." と訂正する。Q＆Aシートの右欄に1文目の応答例を載せているので，質問者はそれを見ながら相手の応答を聞く。また，相手がまったく答えられない場合には答え方を教えるように指示しておく。

⑤01～05の質問を終えたら，役割を交代する。

⑥次の授業では，01～10の質問を行う。その次の授業では06～15の質問を行う。すでにやったものと新しい質問文とで10の質問をさせる。20までの質問文を終えたら，10から01の順番に質問を行わせたり，2分間（あるいは3分間）で，01から順番に何番まで答えることができるか競わせたりするとよい。

生徒同士のＱ＆Ａワークシート例

Enjoy English －Questions and Answers－

答える側はこのプリントを見てはいけません。

	Question	Answer
01	Do you like sports?	Yes, I do.
02	What time do you usually have breakfast?	I have breakfast at 7:00.
03	Can you run fast?	Yes, I can.
04	Does Mr. Honda play the guitar?	Yes, he does.
05	How long does it take from your house to school?	It takes 10 minutes.
06	What's your favorite school lunch menu?	I like curry and rice.
07	When is your birthday?	It's November 4th.
08	Did you study yesterday?	Yes, I did.
09	What do you like to do after school?	I like to play baseball.
10	Can you sing well?	No, I can't.
11	Who is your favorite person?	I like Otani.
12	Did you watch TV yesterday?	No, I didn't.
13	Where do you want to go in the vacation?	I want to go to Hokkaido.
14	Do you have any pets?	No, I don't.
15	Did your homeroom teacher look happy this morning?	Yes, he/she did.
16	What do you often do after dinner?	I watch TV.
17	Can you cook?	No, I can't.
18	What do your friends call you?	They call me ~.
19	Did you play video games yesterday?	No, I didn't.
20	What time do you usually get up?	I get up at 6:00.

2 [やり取り] の実戦練習

　帯活動でチャット(教師が提示したトピックについて生徒同士が自由に会話を継続していく活動)を行い,基本的な態度,様々な会話技術や表現を指導していきます。チャットの特徴は,相手に合わせて発話しなければならないことです。例えば,話し相手が「遊園地に行った」と言えば,「どの遊園地?」,「誰と行ったの?」,「何に乗ったの?」のように話をつなげていくことが求められます。会話が止まってしまえば,話題を切り出さなければなりません。単に英語を使うということだけでなく,相手とのコミュニケーションを円滑に行おうとする態度を育てることができます。

　チャットの設定時間は,初めて行う際には30秒くらいで様子を見てから,徐々に時間を延ばすのがよいでしょう。沈黙してしまう時間が長いと生徒に達成感を与えることができません。「もう少し話したかった」と思わせる程度が適しています。話題はスポーツや週末の過ごし方など,生徒にとって話しやすいものを取り上げます。

初めてのチャット指導(中学1年生1学期)

指導手順

T　Let's try "Chat." Chat is a small talk, conversation. (生徒の隣同士のペアを指さしながら) With your partner, let's have a chat. 会話をするときの大切なことを隣の人と協力して3つ以上言いなさい。

Ss　(ペアで話し合う。)

T　S1, ペアで出たことを1つ言ってください。

S1　アイ・コンタクトをする。

T　(板書する。)そうですね。相手と視線を合わせながら会話をすることは大切ですね。S2, 他には?

S2　相づちを打つ。

T　(板書する。)相手が言ったことに何か反応しないと,よい会話になり

ません。どんな相づちがありますか？　隣同士で２つ以上言いなさい。
Ss　（話し合い。）

> 小学校で Small Talk を行っているので，会話を行う際の大事なことや相づち表現などを生徒から引き出します。この部分は英語では難しいので日本語で行います。

T　S3, please.
S3　Me, too.
T　Yes.（板書する。）S4.
S4　Cool.
T　いいですね。（板書する。）Now I'll give you a topic. Start your chat with "Do you like soccer?" Repeat after me. Do you like soccer?
Ss　Do you like soccer?
T　What is the answer for this question, yes?
Ss　I do.
T　Right. Yes, I do. Or?
Ss　No, I don't.
T　Good. And add one sentence, please. For example, "Yes, I do. I often play soccer with my friends." "No, I don't. But I like tennis." Let's have a chat. Do you like soccer? Start.

> トピックはサッカーで，"Do you like soccer?" でチャットを始めるようにしました。YesかNoで答える質問は２文目を言いやすいのと，スポーツの話題は小学校で行っているので，慣れていると考えたからです。例を挙げたり，ジェスチャーを使ったりしながらできる限り英語で指導します。

Ss （チャットを行う。）
T （生徒の様子を見ながら30秒くらい経ったところで）Stop chatting. Good job, everyone. Now, let's use fillers. えーと。This is a Japanese filler. Don't use Japanese fillers. Use English fillers. Let's use "Umm." Repeat. Umm.
Ss Umm.
T Let's have one more chat with your partner. This time, use "Umm." OK? Let's begin.

> この他に，スポーツが話題のときにできる質問文を考えさせるとチャットが続くようになります。
> （例）Who's your favorite player?
> 　　　What's your favorite team?
> 　　　What sport do you play?

　筆者は中学2年生の前半くらいまでは1分間のチャット（One Minute Chat）を頻繁に行わせながら様々な表現や会話技術を指導しています。このOne Minute Chatでは，3回を1ユニットとし，いずれの回も教師が1回目に提示した同じ文でチャットを始めさせます。1回の授業で1回のチャットを行わせるので，1ユニットを終えるのに3日かかることになります。パートナーはその都度替えます。同じ話題で3回チャットを行わせることで，英語表現をパートナーから学んだり，その話題について慣れたりすることにより話すことが増えてきます。1回目には1分間続かなくても，回数を重ねていくにしたがって会話内容が充実していき，3回目にはほとんどの生徒が1分間のチャットを継続できるようになります。

One Minute Chat

指導手順

①ワークシート（p.119）を配付する。

②チャットの話題となる「最初の文」を生徒に提示する。生徒が関心をもち，話しやすい話題を選ぶ。1度扱ったトピックでも，間を空けて再び行うと新しい言語材料が増えているので，より充実した会話内容となる。

（例）What kind of food do you like?
　　　Did you have a good weekend?
　　　How was your summer vacation?
　　　Do you have any plans for the winter vacation?
　　　What are you going to do this evening?
　　　What do you like to do in your free time?

③生徒をペアにする。

④生徒を立たせて1分間のチャットを行わせる。計時はキッチンタイマーを用いる。

⑤会話終了後，次のことをワークシートに記入させる。

ア　パートナー名

イ　会話で得たパートナーについての情報
　　レポート文を書かせる。最初の文の例のみ板書するとよい。
　　レポート文の例：Kenji likes tennis very much. He is on the tennis team. He can play soccer very well.

ウ　自己評価
　　評価項目は活動の目標でもあるので，1回目から3回目に進むにしたがって，レベルが高くなるように設定している。また，各回の3番目の評価項目は，教師がその都度設定したり，生徒が各自で自由に設定したりできるように空欄にしている。チャットに慣れてきたら3つの評価欄はすべて空欄にしておき，その都度書き入れるようにするとよい。

エ　こんなことが言えたら
　　チャットの最中に言いたかったが，言えなかったことを日本語で書かせる。教師が机間巡視をしながら個々の生徒に教えたり，生徒全員に紹介したりする。または，この欄に書かれていたことを表現集にして生徒

に配付するのも効果的である。
⑥第3回終了後,「今回の反省」欄に反省や感想を記入させ, ワークシートを提出させる。英文の誤りを添削し, A～Cの評価に励ましの言葉を添えて生徒に返すとよい。

⑤イでレポート文を書かせることで, 生徒が苦手としている主語が3人称の英文のよい練習となります。また, 聞いて知り得た情報を書いて記録するという領域統合型の言語活動になっています。話すことの活動では, 全ての生徒のパフォーマンスの内容を把握できないため, 活動の後に評価をしたりアドバイスをしたりすることが困難です。生徒のチャットに耳を傾け, 大きな誤り, 困っていたこと, よい例などを全体にフィードバックするようにします。また, ICレコーダーに録音し, 後で聞かせることがとても効果的です。ペアで1台あればよいので, 20台を用意したいところです。1台しかない場合には, 1組のみ録音し, それを全体に聞かせてアドバイスを与えるなど工夫しましょう。

3 理由や意見を述べるやり取り

中学2年生の後半からは理由や意見を述べるやり取りができるように指導します。「生徒同士によるQ&A」に次のような英文を載せ, 理由や意見を述べる土台作りを行います。
- Do you think it's important for us to study foreign languages at school?
- Do you think many people will live with a robot in the future?
- Do you think elementary school kids have to study English more?
- Do you think Tokyo is a good city?
- What is the best thing to take to a desert island?
- Where is the best place for our school trip?
- What do you want to study more in high school?

チャットにおいてもこうした話題を取り上げ，理由や意見を述べるやり取りを練習させます。その際，次のことを指導します。

・相手が言ったことを繰り返すことで，相手の発言を確認する。
　（例）S1　I think we will have more chances to use foreign languages.
　　　　S2　You think we will have more chances to use foreign languages.
・相手が言ったことに対して同意などを表す相づちを打つ。
　（例）I think so, too.
　　　　That's a good point!
　　　　That makes sense.
　　　　I agree.
・相手が言ったことに対してさらに自分の意見を加える。
　（例）I agree. Also, 〜.
　　　　That's a good point. In addition, 〜.
・相手が言ったことに対して反対の意見を述べる。
　（例）I respect your opinion, but 〜.
　　　　That may be true, but in my opinion, 〜.

なお，チャットやディスカッションの場合には，"I disagree."や"I don't think, so."などの直接的な反対表現ではなく，相手の言ったことを尊重しながら自分の意見を述べさせるようにさせたいものです。

このような活動を帯活動で継続して行うことで，感想，理由，意見などを述べる下地ができます。この後，ぜひディベートやディスカッションを行わせてみてください。これらは生徒にとって難しい活動ですが，基礎練習を十分に積むことで，ある程度できるようになります。

また，教科書本文を扱う際にも，積極的に意見や感想を交換するやり取りを取り入れたいものです。感想や意見を述べさせられるところがあるかという視点で教材研究を行い，適切なところがあれば，"What do you think of Bob's idea?"などと質問し，ペアやグループでやり取りを行わせましょう。

One Minute Chat のワークシート

One Minute Chat	Class　　　Name

Unit-	First Sentence:

①

Date:	Partner:	EVALUATION	
		・eye contact	A　B　C　D
		・fillers	A　B　C　D
		・	A　B　C　D
		Total	A　B　C　D

こんな表現が言えたら（英語で言いたかったが言えなかったことを日本語で書く）

②

Date:	Partner:	EVALUATION	
		・2 sentences	A　B　C　D
		・help partner	A　B　C　D
		・	A　B　C　D
		Total	A　B　C　D

こんな表現が言えたら（英語で言いたかったが言えなかったことを日本語で書く）

③

Date:	Partner:	EVALUATION	
		・content	A　B　C　D
		・one minute	A　B　C　D
		・	A　B　C　D
		Total	A　B　C　D

こんな表現が言えたら（英語で言いたかったが言えなかったことを日本語で書く）

今回の反省

第3章 9

即興で「話すこと［発表］」の指導アイデア

1 即興で「話すこと」の力を育てる帯活動

　話すこと［発表］では，即興で説明する活動，メモなどを見ながらのスピーチ，聞いたり読んだりしたこと要約して伝える活動，聞いたり読んだりしたことについて考えや気持ちなどを述べる活動などを設定します。準備をさせた上でのスピーチはこれまでも行っていたと思います。そこで，ここでは即興で話させる言語活動のアイデアを紹介します。

　まず，筆者が行ってきた活動の中から，生徒の即興的な話す力を育てられたと特に感じている帯活動を3つ紹介します。

Chat & Report

　1つ目はChat & Reportと名付けた活動です。これは6で紹介したチャットの直後に，パートナーが述べたことを他の人に即興でレポートする活動です。この活動には次の3つのタイプがあります。

　①チャットの最中にメモを取り，そのメモを頼りにレポートするタイプ

　②メモなどは取らずにチャットを進め，相手の言ったことから覚えていることをレポートするタイプ

　③ICレコーダー等でチャットを録音し，チャットの直後に録音を聴きながら相手の発話内容を頭で整理した上でレポートするタイプ

　1～2分間の短いチャットであれば②や③で行います。この活動では相手が言ったことの要点を話せればよいことになります。手順は，チャットの後でパートナーとは違う生徒にレポートを交互に行うだけです。横の生徒同士であれば，縦の生徒同士でレポート活動を行わせます。

Explanation Game

2つ目は Explanation Game と名付けたカード・ゲームです。これは人物や事物などの単語が書かれたカードを引き、その単語を2～3文で説明し、パートナーに何について説明しているのかを当てさせる活動です。

最初は動物や昆虫のみに限定することで、小学校で習ったものに三単現のsを加えた言語材料の範囲で行わせます。したがって、活動時期としては1年生の中頃が適しています。事前に、カードの片面に下に示した動物や昆虫の単語とできればそのイラストを描いたものを用意します。カードは裏写りがしないように厚紙や濃い色画用紙を使うようにします。

使用する動物の例（25語）

ant, bear, butterfly, cat, crab, eagle, elephant, frog, giraffe, horse, kangaroo, koala, monkey, octopus, panda, parrot, penguin, pig, rabbit, snake, swan, tiger, turtle, whale, zebra

指導手順

①生徒同士をペアにし、カルタ取りゲームを行う。上記のうち、下線を付けていない16枚のカードを、イラスト面を上に向けて机上に散らして置かせる。教師が次の例のように、各動物の説明文となる英文を2つ述べてから、動物名を言う。

（例1） This is an animal. It's black and white. It can swim very well. It's a penguin.

（例2） This is an animal. It lives in Africa. It has a long nose. It's an elephant.

生徒は1回目のヒントから答えを言うまでのいずれの時点でもカードを取ってもよいことにする。お手つきをした場合は手持ちのカード1枚を場に戻すなどのルールを設けるとよい。It's black and white. などと複数の動物に当てはまるヒントを第1ヒントとすると盛り上がる。なお、教師が述

べるヒントが，後ほど生徒が発話する際のモデルとなるようにする。
② 動物や昆虫を説明するのに必要な下の表現を生徒から引き出しながら指導する。

体の部分	It has (a) long[short など] tail [ears, eyes, legs, arms など].
形　状	It is [big, small, short, long, tall, soft など].
場　所	It lives in the sea[the mountain, the jungle, Africa など].
能　力	It can swim [run, fly など] (fast, well など).
食べ物	It eats meat[grass, fish など].
色	It is black and white, [gray, yellow, pink, red, green など].

③ 生徒同士をペアにして動物の説明をする活動を帯活動で数回行わせる。はじめに①で用いた16枚のカードを裏返しの状態で山にして２人の中央に置かせる。一方の生徒が山からカードを１枚めくり，そこに描かれている動物を２〜３文でパートナーに説明する。パートナーは説明を聞いて動物名を英語で答える。ただし，２文以上聞いてから答えるように指示を出す。慣れてくると，"It's very big."と１文を言っただけで"It's an elephant."と答えが出てきてしまうからである。これを２人が交互に行っていく。次の授業では，別のパートナーと組ませて同じ活動を行わせる。

④ ③で説明の仕方を十分に練習した後，設定時間内に何枚のカードを説明することができたか競わせるゲームを数回行う。ペアのうちの一方が16枚全てのカードを手に持ち，順番に説明していき，パートナーが答えていく。設定時間をあらかじめ生徒に告げておく。はじめは３分間で，徐々に短くしていくとよい。時間がきたら，役割を交代して同じ要領で活動を行う。

⑤ 16枚のカードが説明できるようになったら，残りの９枚のカード（下線を

施してあるもの）を加え，③と④の活動を再び行わせる。
　２年生以降では，brother, doctor, September, seven, Australia, notebook, umbrella, computer など，教科書に出てきたあらゆる種類の単語を扱った活動を行わせます。その際，以下の表現を指導します。

（反意語）　　　　　This is the opposite of "up." (down)
（色）　　　　　　　This is the same color as the sky. (blue)
（数字や月など）　　This is the number between 6 and 8. (seven)
　　　　　　　　　　This is the ninth month of the year. (September)

　また，人物や事物などを説明する際の次の手順や表現を指導します。
・最初にそのカテゴリーを言う。
　（例）This is a country [an animal, a sport, a color, a fruit, a person].
　　　　This is one of our body parts.
　　　　This is a kind of bird [food].
・どんなときに使うのか説明する。
　（例）We use it when we study. (desk)
　　　　It is used when we play baseball. (bat)
・どんなところで見かけるか説明する。
　（例）We see this person in a hospital. (doctor)
　　　　It is seen on a street. (bus)
・形状，材質，色を説明する。
　（例）It's made of paper. (notebook)
　　　　It's a circle. (CD)
　　　　square, triangle, cube, cone などの語を指導するとよい。
・その他
　（例）We use bats and gloves. There are nine players. (baseball)
　　　　We can get a lot of information with it. (computer)

　さらに，shogi, hagoita, bon odori, koto, tofu など日本の文化に関する語を加え，日本文化の発信力を高める活動に発展させられます。

3文即興スピーチ

　3つ目は「3文即興スピーチ」という活動です。これは，グループ内で，サイコロを順番に振り，出た目のトピックについて即興で3文以上のスピーチを行う活動です。6つのトピックの中に，「将来の夢」や「好きなスポーツ」など，これまで生徒がスピーチやチャットで話したものも入れます。以下に指導手順を紹介します。

> 指導手順

① 事前に次の準備をする。
- ・サイコロ（4人に1個）
- ・1～6の番号とそれぞれの番号の横にトピックを書いたもの（紙またはスクリーンで映せるようにする。）
- ・メンバー表（紙またはスクリーンで映せるようにする。）
　グループのメンバーを指定したもの。グループリーダーを決めておき，サイコロの管理や相互評価用紙の配付と回収を行わせる。

② グループリーダーにサイコロを渡し，「本日のトピック」を示す。トピックは1日につきサイコロの面数と同じ6つを用意する。次の授業のトピックには前回行ったトピックから1～3つを残しておくと，そのトピックについて前回より上手に話せるようになる。

③ 各トピックについてどのようなことを話せばよいのか指導する。特にどのように話し始めたらよいのか，その表現パタンも含めてヒントを示す。2・3文目は，生徒の発想に任せて自由にスピーチ文を考えさせる。

　（例）「一番好きな季節」
　　　I like summer the best because we have a long vacation. のように好きな季節とその理由を述べる。その季節にすることを言ったりする。
　　　「私のおすすめテレビ番組」
　　　I recommend "Music Show" to you. のように推薦するテレビ番組を述べる。その番組の特徴や出演者について説明を続けるとよい。

④ グループリーダーから順番に時計回りでスピーチを開始する。なお，次の

ルールを事前に指導しておく。
・2回目以降，サイコロを振って前と同じトピックになった場合はサイコロを振り直す。
・上手に話せないメンバーがいる場合は，聞き手がサポートする。
・できるだけ3文以上は話そうと努力する。

　活動時間は7～8分間に設定すると，1人2～3回は話す順番がまわってきます。また，相互評価表を作成し，各メンバーがショート・スピーチを終えるごとに相互評価を行わせてもよいでしょう。さらに，即興スピーチ終了後に，教師が6つの中から1つのトピックを生徒に示し，相互評価用紙の裏に英文を書かせると書くことの活動へ効果的につなげられます。この場合，生徒に書かせた後にモデルとなる英文を示して写させます。なお，サイコロの代わりにトピックを書いたカードを引かせる方法でもかまいません。

2 教科書本文を用いた即興的な発話活動

　教科書本文を用いた活動にStory Retellingがあります。これは本文の内容をイラスト（ピクチャー・カード）や写真及び板書した語句を参考にしながら再生する活動です。事前に十分に練習させたり暗唱させたりしてから行うことが多いのですが，敢えて練習時間を多く取らないで，半分程度即興で行わせます。説明をする際は，1枚のイラストについて2～3文で説明していくようにと指示すると，即興のPicture Describingの要素も入ることになります。この活動では，音読を十分に行うことが成功への鍵を握ります。
　「前時の復習」にて，教科書本文の音読を行わせた直後に生徒同士をペアにして，相互に本文の内容について即興で伝えさせる活動も効果的です。音読の直後なので，内容は頭に入っているのと，教科書の表現もある程度は覚えています。これに自分で考えた言葉を付け加えて話させます。音読に十分に時間を取り，2，3度音読したら，各自にRead and look upを取り入れて練習させるとうまく発話できるようになります。

10 新しい文法事項の指導のポイント①
that や疑問詞で始まる節

1 新しく扱われる文法事項

新学習指導要領「文,文構造及び文法事項」では,主に次の2つの点で新たな文法事項が加えられました。
・生徒が言語活動で表現できる幅を広げるために,これまで高等学校で指導していた文法事項から新たに中学校の指導事項としたもの
・中学校の教科書の本文や活動などで既に扱われているものの中から明示したもの

新たに加えられた文法事項を列挙してみます。
・感嘆文のうち基本的なもの
 (例) How interesting!
    What a big tree!
・[主語+動詞+間接目的語+直接目的語]のうち,直接目的語が that で始める節及び what などで始まる節
 (例) I'll show you that this is not true.
    Can I tell her where you live?
・[主語+動詞+目的語+補語]のうち,補語が原形不定詞
 (例) Will you let me try?
    I helped my father wash the car.
・[主語+be 動詞+形容詞+ that で始まる節]
 (例) I'm glad that you like it.
    I'm sure that many people will live with a robot in the future.

・時制のうち現在完了進行形
　（例）It has been raining since this morning.
　　　　Masashi and Yukio have been playing soccer for two hours.
・仮定法のうち基本的なもの
　（例）If I were you, I would ask my best friend to help me.
　　　　I wish I knew my cat's feelings.

2 that や疑問詞で始まる節の指導

　①［主語＋be動詞＋形容詞＋that で始まる節］，②［主語＋動詞＋目的語＋that で始まる節］，③［主語＋動詞＋目的語＋what などで始まる節］が新たに文法事項として加わりました。しかし，平成28年度版の一部の教科書でもこれらの表現はすでに見られます。

　①については，I'm glad [sad] that ～. などの文を指導することで，感情を表す文の幅が広がります。自己表現活動で積極的に使用させたい表現です。生徒が使えるようになるためには，教師が意図的に使用しなければなりません。例えば，授業で生徒全員がスピーチを行った後に，"I'm happy that everyone gave a wonderful speech." などと褒めます。日記などの書くことの言語活動を行わせる際にも，I'm sure that tomorrow will be a good day. や I'm sad that our team lost the game. などの例文を示しておき，使用するように促します。

　②や③については，tell, show, teach などの動詞は［主語＋動詞＋間接目的語＋直接目的語］の文型で頻繁に使われています。わざわざオーラル・イントロダクションなどで導入する必要はないと感じます。My mother told me the story. など直接目的語が名詞の文に何度も触れさせ，生徒自らにも使わせることで，この文型に慣れさせることが大切です。I know where he lives. が理解できれば，I'll tell you where he lives. も理解できるように，語順について十分に指導しておきたいものです。

11 新しい文法事項の指導のポイント② 仮定法

1 仮定法の口頭導入

　これまで接続詞 if は条件を表す文のみを指導してきました。その際，「100万円を持っていたら」のような本来であれば仮定法を使って表すべき文であっても，条件の文として表現させる授業をよく見かけました。今回，仮定法が新たに加えられたことで，自分の意見や考えを述べる際，「私が～だったら，～します」のように言えるようになったことは大きいと感じます。

　仮定法をオーラル・イントロダクションで導入する例を紹介します。

T　I like to travel. But as you know, I'm very busy, so I cannot travel often. If Doraemon were my friend, I would ask him to take me to many places. He has a Dokodemo-door. If I used it, I could go anywhere, anytime. He has many tools, for example, a Time-machine, Moshimo-box, Anki-pan, Takekopter, Honyaku-konnyaku, Small light, Jinsei-yarinaoshiki, and Toushi-megane. If Doraemon were my friend, I would ask him to take out Anki-pan, too. I don't have a good memory. If Doraemon were your friend, what tool would you ask him to take out? How about you, S1?

S1　Time-machine.

T　OK. If Doraemon were your friend, you would ask him to take out the Time-machine. I see. How about you, S2?
　　（数人に聞いて，仮定法の文で繰り返す。）

T　Sometimes I want to be a bird. A bird can fly in the sky. Look at this picture.（空から撮った写真を見せて）This is a picture taken from the sky. Isn't it beautiful? If I were a bird, I could see the beautiful view from the sky. I come to school by train, but trains are always crowded. If I were a bird, I could come to school easily.

　仮定法は現実とは違うことを述べるときに用いるので，明確に現実とは違うと分かることで導入を行うと生徒は理解しやすいでしょう。そこで，仮定法を扱うときの定番となっていますが，ドラえもんを取り上げました。ドラえもんはほとんどの生徒が知っており，たくさんの道具を持っていることから，生徒とのやり取りも行いやすいからです。特にwereを使った英文を使うことで，生徒にこれまで習ったルールと違う動詞の形が使われていることに気付かせます。

---

2 仮定法を使った言語活動

　仮定法を使った言語活動は新しい教科書に載るはずです。そこで，他の単元において，統合的な言語活動を設定する際のアイデアを示します。
・本文内容の感想や意見を述べる活動
　　（例）If I were in his position, I would tell the man to go there.
・登場人物などにアドバイスを含む手紙（電子メール）を書く活動
　　（例）If I were you, I would not help him.
・本文に書いてある問題が起こらないように訴えるスピーチを行う活動
　　（例）What would you do if you couldn't use clean water?
　このような統合的な言語活動は，過去に扱った単元を再利用してもよいでしょう。例えば，3年生の後半であっても，それまでに扱った2年生や3年生の適切な単元を選びます。表現の幅が増えたことで，過去に扱ったものでもそのときとは異なる言語活動を設定することが可能になります。

12 新しい文法事項の指導のポイント③
現在完了進行形

1 現在完了進行形の口頭導入

　現在完了の継続を扱う際，現在完了進行形を使って表した方が適切な場合にも，現在完了の文を使って表現させることがこれまであったかもしれません。現在完了と現在完了進行形の使い分けは難しいところがありますが，例文をいくつか示すことで，現在完了進行形の使われ方を理解させるとよいでしょう。

　また，動作動詞と状態動詞をいつ指導するのかについては悩みどころだと思います。現在進行形や過去進行形を扱う際にも教えることは可能です。しかし，中学1年生では理解をするのが難しいかもしれません。この段階では，live や like などは進行形にはしないことのみを触れておき，詳細については，現在完了進行形を扱う際に指導するとよいかもしれません。

　現在完了進行形をオーラル・イントロダクションで導入する例を紹介します。動作が続いていることが確実に分かる場面設定をイラストなどで表しながら導入することがポイントになります。

 T Look at this picture.（2人の女性のイラストを見せる）This is Keiko and this is her friend Kaori. They promised to meet at the station at 10 in the morning. Look at this picture.（Keiko が駅で待っているイラストで時計は10時20分を示している）Keiko arrived at the station at 10 o'clock. What time is it now?
 Ss It's ten twenty.
 T Yes. Keiko has been waiting for Kaori for twenty minutes. Look at

	the next picture.（時計が10時40分を示しているイラスト）What time is it now?
Ss	It's ten forty.
T	Right. Keiko has been waiting for Kaori for forty minutes. Look at the next picture.（時計が11時を示しているイラスト）Kaori has not come yet. What time is it now?
Ss	It's eleven.
T	Yes, it's eleven o'clock, so Kaori has been waiting for Kaori for?
Ss	One hour.
T	Right. Keiko has been waiting for Kaori for an hour.（Kaoriが来たイラスト）Look. Kaori has just come.

2 現在完了進行形を使った言語活動

　現在完了進行形は現時点を視点とする文であるので，これを使える自然な場面は限定されます。先ず，授業の最初に教師が述べる Small Talk の中で，It has been raining since last night. や You have been studying for the term-end exams very hard, haven't you? などの文を聞かせたり，生徒同士の Small Talk の中で使わせたりすることが考えられます。

　また，日記の中で現在完了進行形の文を使わせることができます。日記を書かせることで，出来事を描写する力や気持ちや感想を表現する力を育てることができるので，3年間の中で複数回，書かせるようにさせるとよいでしょう。次の表現例を示し，現在完了進行形の文を使うようにさせます。

- ・（天気を述べる）It has been snowing since last night.
- ・（取り組んでいる最中のことを述べる）I have been cleaning my room since this morning.
- ・（家族の状況を述べる）My father has been working in Osaka for two days.

パフォーマンス評価の実施方法

1 パフォーマンス評価とは

　知識や技能を活用する能力を評価するためにはパフォーマンス評価を行う必要があります。新学習指導要領には，「面接・スピーチ・エッセイ等のパフォーマンス評価などにより，『言語を用いて何ができるか』という観点から評価がなされることが期待され」とあります。外国語科では，主に話すこと［やり取り］，話すこと［発表］，書くこと及び統合的な言語活動におけるパフォーマンスに対して評価を行います。パフォーマンス評価についてイメージできるように，まずパフォーマンス評価の例を挙げてみます。

「話すこと［やり取り］」
- インタビュー（質問に対して2文で応答する，相手に質問するなど。）
- チャット（暇なときにすることの情報を相手に話したり質問して相手から得たりする。）
- 電話での交渉（映画に誘う，待ち合わせを行うなど。）
- ロールプレイ（目的地の行き方を尋ねたり道案内を行ったりする，タスクカードに書かれている指示に従って話すなど。）
- ディスカッション（遠足の行先を決める，増やすべき学校行事などについて話し合うなど。）
- ディベート（「コンビニエンスストアの24時間営業はやめるべきだ」の論題で賛成側と反対側で意見を述べ合うなど。）

「話すこと［発表］」
- 即興のスピーチ（「My favorite season（私の大好きな季節）」など話題

の書いてあるカードを引き，それについて話すなど。)
- 即興の説明（elephant など単語の書いてあるカードを引き，それについて説明するなど。)
- イラストの描写（イラストを見て，即興でその内容を説明するなど。)
- スピーチ（「私の夢」などや教科書本文を読んでの感想を述べるなど。)
- プレゼンテーション（ペアまたはグループでアンケート調査結果の資料を見せながら説明を行うなど。)

「書くこと」
- 手紙文を書く（ホストファミリーに向けて自己紹介の手紙文を書くなど。)
- メモを書く（ホストファミリー宅に滞在している設定で，自分がこれからすること，帰ってくる時刻，何をお願いしたいかなどをタスクカードに沿ってメモを書くなど。)
- メール文を書く（友達をショッピングに誘うメール文を書くなど。)
- ポスターや新聞を書く（長期休業中の出来事などを題材に，ポスターや英語新聞を書くなど。)
- 紹介文を書く（友達に薦めたい本の紹介文を書くなど。)

領域統合型
- 聞いたことについて意見を述べる（相手の主張を聞き，それに対する自分の意見を述べるなど。)
- 読んだものについて要約文を書く（他の中学生に読んだものを説明するために，教科書本文の要約文を書くなど。)
- 読んだものについてアドバイスする（友達からの手紙を読み，悩んでいることについてアドバイスを書くなど。)

2 パフォーマンス評価の実施計画の立て方

パフォーマンス評価の実施計画を立てる際にはいくつか考えなければなら

ないことがあります。1年生の後半におけるインタビュー形式のパフォーマンス評価を例に挙げて示します。筆者がどのように実施計画を立てているのか心で思ったことを文字で表す形式で紹介します。

　帯活動で「生徒同士によるＱ＆Ａ」を10回以上行わせたので，2文以上で適切に応答できるようになったかを評価したい。

　帯活動では生徒同士で行わせていたが，生徒1人ずつに対して教師が質問していくインタビュー形式で行う。1クラス当たりの生徒数は36名で，1回の授業内で終えたい。1クラス36名の生徒全員を50分間の授業で行うためには，1人当たり1分以内の時間しか設定できない。パフォーマンスを行わせる時間が36分間（1分間×36名），生徒の交代の時間と評価の書き込みなどに12分間（生徒と生徒の間は20秒間），2分間が全体に指示を与えたりプリントを配ったりする時間とする。1分間でできる質問数は4つまたは5つが限度だろう。質問に対して2文以上で応答させるので，考える時間も考慮すると1つの質問に対して10～15秒はかかる。したがって，質問数は4つでいこう。キッチンタイマーを使い，1分が経ったところでテストを終了する。

　場所は空き教室がないため廊下で行うことにする。テストの間，教室にいる生徒には文法の復習をプリントで行わせよう。時間を短縮するため，次の生徒は教室のドアのところで待機させる。全員に同じ質問をすると，質問文が教室にいる生徒に分かってしまうので，5セットくらい作っておこう。最初の2つの質問は生徒が使っているＱ＆Ａのシートからそのまま，残りの2つは新しい質問にする。

　評価項目は「文の数（2文で応答）」と「適切な応答」の2点にする。多くの項目を設定すると評価できなくなる可能性がある。文法の正確さはこのテストでは評価しないことにする。生徒が述べる英語が何とか理解できたら評価することにする。

次に，質問を設定したり，評価用紙を作成したりします。作成した質問のセットと教師の評価票を示します。

質問のセット

セット1

① Do you like sports?

② What do you often do after dinner?

③ Did you listen to music yesterday?

④ Do you like reading books?

セット2

① Can you sing well?

② What time do you usually have breakfast?

③ Did you watch TV yesterday?

④ What's your favorite winter food?

セット3

① Do you have any pets?

② Who is your favorite person?

③ Did you study English yesterday?

④ Do you like your town?

セット4

① Can you cook?

② What time do you usually get up?

③ Did you play sports yesterday?

④ What is your favorite season?

セット5

① Can you run fast?

② How long does it take from your house to school?

③ Did you play a video game yesterday?

④ How long do you study at home every day?

教師の評価票

	生徒氏名	Q1		Q2		Q3		Q4	
		数	適	数	適	数	適	数	適
01	青山　春彦								
02	上野　夏子								
03	大森　秋生								
04	神田　冬美								

「数」は「文の数（2文で応答）」，「適」は「応答の適切さ」を表します。それぞれを2点満点で，次の基準に従って評価します。

<u>文の数（2文で応答）</u>
　2点：2文以上で応答している。
　1点：質問に対する答えのみ1文で述べている。
　0点：答えられない。または，時間切れとなった。

<u>応答の適切さ</u>
　2点：1文目に関連した情報を2文目で述べている。
　　　（例）I usually read a book. I like reading detective stories.
　1点：2文目がやや話題からずれている。
　　　（例）I usually read a book. I watch TV, too.
　0点：答えられない。または，1文目が適切な応答ではない。

3 ルーブリックによる評価基準

　パフォーマンス評価を行う際には，どのくらいのパフォーマンスであればどのくらいの段階であるかを記述文で示すルーブリックを作成します。2で示した評価票も達成度を3段階で示した一種のルーブリックです。ルーブリックはテストを行う前に生徒に示しましょう。生徒がテストに向け，ルーブリックの項目に沿って努力するよい波及効果を生むはずです。
　1（p.133）で挙げたパフォーマンス評価の中から「イラストの描写」のテストを取り上げ，ルーブリックの例を示します。このテストは，中学3年生に実施し，10以上の情報を様々な文を用いて教師に伝える形式です。

ルーブリックの例

項目	A	B	C
情報の数	10以上	6〜9	5以下
表現の豊かさ	後置修飾などの複雑な文や様々な語の使用が見られる。	様々な文や語句の使用が見られる。	様々な文や語句の使用が見られない。
文法の正確さ	複雑な文であってもほぼ正確に述べている。	たまに誤りがある。	誤りが多い。

第3章 14

領域統合型問題のつくり方

1 言語活動を基にしたペーパーテスト作り

　今後，領域統合型のテストを定期考査などで作成することが多くなりそうですが，指導と評価を別々に考えるべきではありません。授業の中で指導したこと，言語活動として行ったことを基にして問題を作成するべきです。
　例を1つ挙げます。本章の5でも取り上げましたが，次の中学1年生の教科書本文を用い，対話文の内容を他の人に伝えるために説明文に変換して書かせるという活動をした後，定期考査で出題する問題について説明します。

「Lesson 3 メイの好きなもの」
『ONE WORLD English Course 1』（教育出版）平成28年度版

Part 2（p.38）
　休み時間に，ケンタとメイが教室で楽しく話しています。
Kenta：Do you like music?
Mei　：Yes, I do. I play the guitar every day.
Kenta：Really? Do you have a guitar?
Mei　：No, I don't. I play my father's guitar.
Part 3（pp.40〜41）
　メイとケンタの対話の続きです。
Mei　：I like animals.
Kenta：Me, too.
Mei　：Do you have any pets?

> *Kenta* : Yes. I have some hamsters. How about you?
> *Mei* 　 : I don't have any pets.

　三単現の s を指導した後，教科書の前のページに戻り，対話文（主語が 1 人称と 2 人称のところを）を説明文に代える練習をさせます。その際，新しく知り合った友達のことを別の友達や親族（祖父母など）にメールで知らせるという設定にします。その中で対話文と関連すること（自由に空想したことで可）を 1 文以上付け加えるように指示します。
　Kenta が友だちへのメールの中で Mei について英語で書いたとしたらどんな文を書くのか，教師が作成したモデル文を生徒に示します。

　　I have a new friend. Her name is Mei. She is from Singapore. She likes music. She plays the guitar. She uses her father's guitar. She likes animals, too. But she doesn't have any animals. Her parents don't like animals!

　3 文目の She is from Singapore. は教科書の最初に載っている情報です。最後の Her parents don't like animals! は本文にはない情報ですが，自由に空想して書いた文の例として示しています。自由に空想して加えられる文の例として次のものも示します。
　・She is from Singapore. She speaks English very well.
　・She uses her father's guitar. She wants a guitar.
　・But she doesn't have any animals. She wants a dog.
　・But she doesn't have any animals. She lives in an apartment and can't have animals.
　このような活動を行った後のテスト問題では，同じ設定で問題を作成しますが，人物や内容は変えるようにします。同じ対話文を使うと，単なる復習（教師が示したモデル文の再生）になってしまうからです。

テスト問題例

　あなたに新しい友達ができ，次の会話をしました。その友達のことについて，あなたのアメリカ人の友達に，メールで伝えます。すでに示してある英文に続けて，5文以上の英文を書きなさい。なお，自由に空想して，対話文に書かれていないことも1文以上書くこと。

あなた：Do you like sports, Ron?
Ron　：Yes, I do. I play tennis.
あなた：Really? Are you a good player?
Ron　：No. I just started tennis last month. I don't have my racket. I use my father's.
あなた：I like soccer. I'm on the soccer team.
Ron　：Oh, I like soccer, too. But I don't play soccer.

　あなたがアメリカ人の友達へ送るメール文

Hello, Kevin. How are you? I'm fine.
I have a new friend. His name is Ron.

（ここに5以上英語で書く）

See you.
Your friend,
（あなたの名前）

この問題では，対話文を読ませて解答させていますが，対話文を聞かせてから，Ron についてのことを書かせるという設定も可能です。

2 領域統合型の問題例

　ペーパーテストということを考えると，聞いて書かせる，あるいは，読んで書かせる問題形式が主となります。アイデアを挙げますので，教科書や授業で行った言語活動に即して問題を作成してみてください。

聞いて書かせるタイプの問題例
- スピーチを聞いて，その内容や感想を書く。
- まとまりのあるパッセージを聞いて，その要点を書く。
- 授業の1コマを聞いて，その概要をまとめる。
- 2つの商品（カメラなど）についてラジオで聞き，どちらの商品を買うかその理由を含めて書く。
- ディスカッションを聞いて，その内容をまとめる。
- ディベートを聞いて，1人の人物の意見についてまとめる。
- ディベートやディスカッションを聞いて，それを基に自分の意見を書く。

読んで書かせるタイプの問題例
- 友達からのメール文（質問が含まれる）を読み，返信のメール文を書く。
- 物語文を読み，要約文を書く。
- 悩みの相談についてのメール文を読み，それに対するアドバイスを書く。
- 2つの観光地の説明を読み，どちらへ行きたいか，その理由を含めて書く。
- 観光地の説明を読み，1日の計画を自由に立てて書く。
- 英語で書かれたマンガの一部を読み，そのあらすじを書く。
- 物語文の一部を読み，その先の展開を自由に空想して書く。
- 一緒に半日を過ごした3人の日記文を読み，3人の行ったことを3人の情報を比較しながら説明する。

あとがき

　「今度のレッスンは現在完了だな」,「不定詞は名詞用法よりも副詞用法を先にしてもらいたいなあ」など，教科書の話となると，題材や言語活動よりも文法についての話題がよく上がります。授業を拝見しても，文法中心の授業が多く，本文を導入したり，本文を利用した言語活動を行ったりする授業をあまり見ることができません。

　文法は絶対に大切です。丁寧に教えるべきです。しかし，文法ばかりに授業の大半を費やしても，英語が使えるようにはなりません。

　教員志望の大学生の模擬授業を見る機会がときどきありますが,「予備校の授業を動画で見てきた」と言って，いきなり日本語で文法の説明を始める学生がいます。とても腹立たしく感じます。学生に対してではありません。学生に英語の授業は文法指導であると思わせてしまっている中学校や高等学校の現状，私も含めた英語教師全体に対して腹立たしさを感じるのです。この現状を何としても変えなければなりません。
　とは言え，私も昔は文法を中心として授業を組み立てていました。その後，本文を大切にする授業に切り替えました。「もっと文法を行ってほしい」との要望が一部の保護者や生徒からありましたが，生徒の外部テストや英検などの結果は大幅に向上しました。保護者の中には自分が中学校や高等学校で受けた授業の影響からか，文法を解説してもらったり，和訳をしっかりと行ったりする授業が「英語の授業」であるというイメージがあります。最近，やっと英語を使った言語活動中心の授業に対して，多くの保護者から「私もこんな授業を受けてみたかった」という感想を聞かれるようになりました。
　平成33年（2021）度からは，新しい教科書で授業を行うことになります。おそらく5領域の言語活動がこれまで以上に多く設定されているはずです。しかし，今までと同じような文法中心の授業を行っていては，新しい教科書

で指導している意味がなくなります。文法指導，本文の指導，言語活動のバランスをうまく取ることが大切です。その具体的方法を本書の第3章で示しました。他のことは取り入れなくても，これだけは取り入れてほしいと願っています。パートを扱う際，常に最初の授業で文法だけを取り出し，1時間全てを使う構成はやめてほしいと願っています。

　新学習指導要領にも，「文法事項はコミュニケーションを支えるものであることを踏まえ，コミュニケーションの目的を達成する上での必要性や有用性を実感させた上でその知識を活用させたり，繰り返し使用することで当該文法事項の規則性や構造などについて気付きを促したりするなど，言語活動と効果的に関連付けて指導すること」，「用語や用法の区別などの指導が中心とならないよう配慮し，実際に活用できるようにする」などと明記されています。「言語活動を通して文法や語彙を定着させていく」という考え方に立って授業を組み立て始めると，「こっちの方が自然だ。生徒の文法への理解も深まる」と思えるようになります。

　今回の学習指導要領改訂は，小学校や大学入試改革に目が行きがちですが，実は一番大変で大切なのは中学校です。言語活動のレパートリーを増やしたり，英語を使って上手に指導できるようになったりするには試行錯誤が必要です。そして時間がかかります。私はELEC同友会英語教育学会のサマーワークショップで，毎年，先生方の英語を使った模擬授業の支援をしていますが，すぐに上手にはなりません。私自身の経験を振り返っても，ここまで到達するのに多くの年月がかかりました。1人だけで苦闘せず，校内や地域の先生方と協力してほしいと思います。そして，「うちの生徒はできない」と諦めるのではなく，生徒の力を信じ，全面改訂となる2021年度に向け，一歩ずつ準備を進めていってほしいと願っています。

　2018年6月

本多　敏幸

【著者紹介】

本多　敏幸（ほんだ　としゆき）

千代田区立九段中等教育学校指導教諭。1959年東京都生まれ。東京学芸大学大学院教育学研究科英語教育専攻修士課程修了。文部科学省「外国語教育における『CAN-DOリスト』の形での学習到達目標設定に関する検討会議」、「中央教育審議会中等教育分科会教育課程部会外国語ワーキンググループ」、「学習指導要領等の改善に関わる検討に必要な専門的作業等（中学校外国語）」協力者。ELEC同友会英語教育学会会長，英語授業研究学会理事。平成19年度に文部科学大臣優秀教員表彰を受ける。

〈主な著書〉

『若手英語教師のためのよい授業をつくる30章』（教育出版）【財団法人語学教育研究所『2011年度外国語教育研究賞』受賞】，『到達目標に向けての指導と評価』（教育出版），『目指せ！英語授業の達人2　入試英語力を鍛える！授業アイデア＆パワーアップワーク40』（明治図書），『目指せ！英語授業の達人8　英語力がぐんぐん伸びる！コミュニケーション・タイム―13の帯活動＆ワークシート』（明治図書），『平成29年版中学校新学習指導要領の展開　外国語編』（分担執筆，明治図書），『本多式中学英語マスター短文英単語』（文藝春秋），『本多式中学英語マスター速読長文』（文藝春秋），ほか，著書多数

中学校　新学習指導要領　英語の授業づくり

2018年7月初版第1刷刊	©著　者	本　　多　　敏　　幸
2021年7月初版第4刷刊	発行者	藤　　原　　光　　政
	発行所	明治図書出版株式会社

http://www.meijitosho.co.jp
（企画）木山麻衣子　（校正）吉田　茜
〒114-0023　東京都北区滝野川7-46-1
振替00160-5-151318　電話03(5907)6702
ご注文窓口　電話03(5907)6668

＊検印省略　　　　組版所　株　式　会　社　カ　シ　ヨ

本書の無断コピーは，著作権・出版権にふれます。ご注意ください。

Printed in Japan　　　　ISBN978-4-18-286813-9

もれなくクーポンがもらえる！読者アンケートはこちらから →